KLAUSUREN

Latein Oberstufe

MARIE-LUISE BOTHE

STARK

Umschlagbild: Detail eines Reliefs vom sogenannten „Zirkusdenkmal" aus Neumagen. Anfang 3. Jh. n. Chr.
Trier, Rheinisches Landesmuseum. Foto: picture-alliance/akg-images/Erich Lessing

www.stark-verlag.de
1. Auflage 2014

Inhalt

Autorin: Marie-Luise Bothe

Vorwort

Liebe Schülerin, lieber Schüler,

der vorliegende Band unterstützt Sie bei Ihrer effektiven Vorbereitung auf Klausuren der Oberstufe.

Das einführende Kapitel „**Hinweise und Tipps**“ gibt Ihnen wertvolle Informationen zur **Bearbeitung der Aufgaben**. Erläuterungen zu den Arbeitsanweisungen (**Operatoren**) sowie Wissenswertes zu den zentralen **Autoren** ergänzen diesen Abschnitt.

Der zweite Teil des Buches enthält **Übungsaufgaben** mit **Musterlösungen**, mit deren Hilfe Sie sowohl Ihre im Unterricht erworbenen Kenntnisse wieder auffrischen als auch die Bearbeitung von Aufgaben unter Klausurbedingungen trainieren und optimieren können.

Zu jeder dieser Aufgaben finden Sie nicht nur ausführliche **Lösungsvorschläge**, sondern – durch Rauten gekennzeichnet – auch konkrete **Bearbeitungshinweise**, die Ihnen eine gezielte Vorgehensweise bei der Lösung der einzelnen Aufgaben vermitteln.

Ein **Stichwortverzeichnis** erleichtert Ihnen die gezielte Nutzung dieses Bandes und ermöglicht Ihnen einen schnellen Zugriff auf wichtige Sachverhalte.

Viel Erfolg bei Ihren Klausuren!

Marie-Luise Bothe

Stichwortverzeichnis

Hinweise und Tipps

1 Voraussetzungen

Die Klausuren des Ihnen vorliegenden Übungsbandes beziehen sich auf Autoren und Inhalte, die im Lateinunterricht der Oberstufe schwerpunktmäßig in den Jahrgangsstufen 11 und 12 behandelt werden.
Wahrscheinlich haben Sie nach der Lehrbuchphase im letzten Jahr der Mittelstufe Ihre ersten Lektüreerfahrungen mit Fabeln des Dichters Phaedrus gemacht und anschließend ein oder zwei Themen aus Caesars Werk *De bello Gallico* behandelt – z. B. den Helvetierkrieg oder die Beschreibung der Gallier und Germanen. Sie kennen demnach außer den grundlegenden Fakten zu den Autoren und dem jeweiligen historischen und kulturellen Hintergrund der Werke (Sachinformationen!) einige Besonderheiten der Dichtung (poetische Sprache, besondere Formen, rhetorische Stilmittel) sowie das klassische Latein eines antiken Prosaschriftstellers, der grammatikgerecht formuliert, aber auch Elemente der Leserlenkung durch Anwendung sprachlich-stilistischer Mittel benutzt. Sie sind in der Lage, einzelne, vom Umfang her eingeschränkte Interpretationsaufgaben wie Zusammenfassung, Textgliederung nach formalen und inhaltlichen Elementen, Paraphrasieren eines Textinhaltes, Erklärung und Deutung von sprachlich-stilistischen Merkmalen im Textzusammenhang zu einem selbstständig übersetzten oder einem in Übersetzung vorgegebenen lateinischen Originaltext zu bearbeiten.
Zur Lösung einer Übersetzungsaufgabe beherrschen Sie formale Dekodierungsmethoden wie grammatische Satzanalyse in Verbindung mit der Wortblockmethode und die Konstruktionsmethode sowie den Umgang mit inhaltlichen Texterschließungskriterien wie Gliederungskonnektoren, Personenkonstellationen, Tempusprofil, Verwendung und Wechsel verschiedener Satzarten (z. B. reale und irreale Aussagen, Aufforderungen, Wünsche, Fragen), wobei die inhaltliche Dekodierung einerseits das Textverständnis fördert, andererseits Teil der Interpretation sein kann.
In der Einführungsphase der Oberstufe werden Sie vermutlich den Dichter Ovid und Ausschnitte aus seinem berühmten Epos, den Metamorphosen, kennengelernt haben. Man kann also davon ausgehen, dass Sie das Versmaß des Hexameters beherrschen und weitere Erfahrungen in der Übersetzungstechnik und Textinterpretation gemacht haben. Außerdem haben Sie den Umgang mit einem lateinisch-deutschen Wörterbuch evtl. schon in der Lektürephase der Mittelstufe kennengelernt und geübt, aber sicher in den Klausuren der Jahrgangsstufe 10 angewendet. Sie wissen, nach welchen Kriterien Vokabeln nachgeschlagen werden und Entscheidungen für die zutreffenden Bedeutungen gefällt werden.

2 Autoren und Textgenera

Der Übungsband enthält Klausurtexte für die Qualifikationsphase in den Jahrgangsstufen 11 und 12 sowie ein Beispiel für eine Abiturklausur. Die Auswahl der Autoren und Texte sowie die Textlänge und die Anzahl der Interpretationsaufgaben entsprechen Grundkursklausuren.

- Autorenüberblick (Kurzinformationen zu Autoren und Werken finden Sie auf den Seiten IX ff.):
  - Plinius der Jüngere,
  - Vergil,
  - Livius,
  - Cicero,
  - Seneca.
- Textgenera:
  - literarische Briefe (Plinius),
  - Geschichtsschreibung (Livius),
  - epische Dichtung (Vergil),
  - philosophische Dialoge (Cicero, Seneca).

3 Art, Umfang und Bewertung der Aufgaben

Die Klausuraufgaben bestehen aus zwei Teilen, einer Übersetzungsaufgabe und einer Interpretationsaufgabe.

Zur Übersetzungsaufgabe:
Der Umfang des Übersetzungstextes bei den Übungsklausuren beträgt ca. 100 Wörter, der Text des Abiturbeispiels etwa 140 Wörter. Da die Interpretationsaufgaben zu Übungszwecken für etwas umfangreichere Lösungen angelegt sind, werden Sie hier wohl etwas mehr als die üblichen ca. 90 Minuten Arbeitszeit benötigen. Für die Abiturarbeit sind 3 Zeitstunden anzusetzen.
Ein Tipp: Notieren Sie sich bei einer Klausur die Zeiten als Uhrzeit neben der jeweiligen Aufgabe und setzen Sie sich persönlich ein Limit, das 5 Minuten niedriger liegt, damit Sie Ihre Arbeit noch in Ruhe durchlesen können. Kontrollieren Sie unbedingt Ihre Übersetzung auf Vollständigkeit – z. B. indem Sie mit dem Bleistift jedes Wort/jede Wortgruppe im lateinischen Text antippen, das/die Sie in Ihrer Übersetzung wiederfinden.
Methodenkompetenz, d. h. die Fähigkeit im sprachlichen Analysieren von lateinischen Originaltexten und in der Übersetzungstechnik, wird bei der Dekodierung (Texterschließung) vorausgesetzt. Die Rekodierung (Übersetzung) muss auf jeden Fall sinngerecht sein, wenn möglich auch wirkungsgerecht, d. h. der Absicht des Autors entsprechend oder seinen Stil nachempfindend. Als Hilfsmittel ist ein lateinisch-deutsches Schulwörterbuch zugelassen. Ferner sind Übersetzungshilfen zum lateinischen Text vorhanden, die in der Regel etwa 10 % der Wortzahl, bei Dichtung auch mehr umfassen können. Es gibt einen Hinweis auf den Autor und das Werk,

evtl. auch eine Einführung in den inhaltlichen Zusammenhang oder eine lateinisch-deutsche Wiedergabe des unmittelbar vorhergehenden Satzes der vorliegenden Textstelle.

Zur Interpretationsaufgabe:
Diese steht in engem Zusammenhang mit dem Übersetzungstext, muss in einer Abiturklausur aber auch einen Bezug zu mindestens einem weiteren inhaltlich-thematischen Schwerpunkt oder einem anderen Autor enthalten. Sollten die Interpretationsaufgaben in Ihren Klausuren sich nicht auf den jeweiligen Übersetzungstext beziehen, können Sie zwei Übungsaufgaben des vorliegenden Bandes kombinieren: Sie nehmen den Übersetzungstext von der einen Übungsaufgabe, die Interpretationsaufgaben von einer anderen, wobei Sie als Textgrundlage für Letztere dann die Lösung des zugehörigen Übersetzungstextes mit heranziehen. Bei der Interpretation sind Methodenkompetenz in der inhaltlichen Textanalyse, der Deutung und Bewertung von sprachlichen Elementen, und (je nach Aufgabenstellung) fachspezifische Kenntnisse (Leben und Werke der Autoren, ihre sprachlichen und stilistischen Eigenarten, Merkmale verschiedener Textgenera) nachzuweisen. Die Interpretation umfasst in der Regel 3–4 Aufgaben, die evtl. auch in a, b, c unterteilt sein können und dann aufeinander bezogen sind. Es handelt sich um Aufgaben folgender Art:

- sprachlich-inhaltliche Auseinandersetzung mit dem Übersetzungstext (z. B. formal-inhaltliche Gliederung, Argumentationsgang, sprachlich-stilistische Analyse einschließlich Funktion und Deutung)
- weitergehende Interpretation einer oder mehrerer Textstellen (z. B. Definieren von Begriffen, Einordnung in den thematischen Rahmen, umfassende Deutung einer Textstelle)
- Vergleich mit einem anderen Autor/einer anderen Textstelle/einem anderen thematischen Zusammenhang (Abiturklausur!)
- Stellungnahme/Bewertung und/oder Aktualisierung

Zur Bewertung:
Die Noten für die Übersetzungsleistung und die Interpretationsleistung gehen im Verhältnis 2:1 in die Gesamtwertung ein. Für die Übersetzung gilt, dass die Note ausreichend (5 Punkte) erteilt wird, wenn bezogen auf je 100 Wörter des lateinischen Textes nicht mehr als 10 ganze Fehler vorliegen. Die Note ungenügend (0 Punkte) wird bei mehr als 20 Fehlern pro 100 Wörter erteilt. Die Übersetzungsaufgabe ist so komplex, dass sie Leistungen in allen Anforderungsbereichen, besonders im Anforderungsbereich III, umfasst (zu den Anforderungsbereichen s. u.!). Für die Interpretationsaufgabe gilt, dass die Note ausreichend erteilt wird, wenn annähernd die Hälfte (mindestens 45 %) der Gesamtleistung erbracht wurde. Je nach Teilaufgabe werden die Anforderungsbereiche I–III (s. u.) berücksichtigt, wobei der Schwerpunkt insgesamt im Bereich II liegt. Bei jeder Aufgabe sind am Rand der Musterlösung die Punkte angegeben, die erreicht werden können. Ebenso wird unter der Musterlösung erwähnt, was für die Hälfte der Punktzahl vorhanden sein muss – d. h. für die Note „ausreichend". Die Note „gut" wird bei Erreichen von annähernd 4/5 der Gesamtleistung (mindestens 75 %) erteilt. Die Noten oberhalb und unterhalb dieser Schwellen werden den erreichten Punktzahlen annähernd linear zugeordnet.

4 Hinweise zur Bearbeitung der Übersetzungsaufgabe

- Lesen Sie genau die dem Text vorangestellte Einleitung bzw. Information, durch die Sie den Autor, evtl. das Werk/die Textart oder auch das Thema erfahren. Eventuell wird auch bei einem Text durch Übersetzung oder Zusammenfassung der einer Textstelle vorausgehenden Passage ein inhaltlicher Zusammenhang hergestellt. Auch die Übersetzungshilfen können manchmal schon einen Anhaltspunkt für einen inhaltlichen Aspekt liefern.
  Ein wichtiger Tipp: Werfen Sie auch einen Blick auf die Interpretationsaufgaben! Manchmal werden Sie durch die Aufgabenstellung auf die inhaltliche oder funktionale Besonderheit einzelner Abschnitte hingewiesen und erhalten dadurch eine Hilfe für die Sinnerschließung bei der Übersetzung.
- Lesen Sie nun den ganzen Text aufmerksam durch und verdeutlichen Sie sich optisch (z. B. durch Markieren, farbiges Kennzeichnen o. Ä.) wesentliche Elemente der Syntax: Prädikate, Haupt- und Gliedsätze, satzwertige Verbalkonstruktionen wie AcI, Participium coniunctum, Ablativus absolutus, Gerundium und Gerundivum – wobei zunächst nur die jeweiligen infiniten Verbformen zu kennzeichnen sind, die genauere Klärung gehört zur Satzfeinanalyse bei der Übersetzungsarbeit. Achten Sie auf Satzarten (Gibt es Fragesätze und/oder Aufforderungen?) und Personenformen (Kommen die 1. und 2. Person und/oder Imperative vor?).
- Versuchen Sie, möglichst auch schon autorenspezifische Text- bzw. Stilelemente zu erkennen. Bei Seneca-Briefen z. B. ist dieses besonders gut machbar (Kürze und Prägnanz der Sätze, Fragen/Einwände des fingierten Sprechers, präskriptive Elemente etc.). Aber auch Cicero-Texte lassen bei einiger Übung schon beim ersten Durchlesen typische Gliederungselemente von Satzperioden sowie charakteristische Überleitungen/Floskeln und auffällige rhetorische Elemente erkennen.
- Denken Sie daran, dass bei poetischen Texten mit Hyperbata (oft auch über einen Vers hinweg) zu rechnen ist. Kennzeichnen Sie Zusammengehöriges durch Bögen, Pfeile oder andere grafische Zeichen. Längen und Kürzen der Silben bieten hier eine zusätzliche Hilfe, daher sollten Sie das Versmaß des Hexameters (Vergil!) gut beherrschen. Übrigens kann das Skandieren von Versen (Eintragen der Zeichen für lange und kurze Silben, Kennzeichnung der Metren und der Zäsuren) auch in einer Interpretationsaufgabe gefordert werden.
- Machen Sie sich jetzt an die Übersetzung. Gehen Sie satzweise vor unter Berücksichtigung der obigen Ergebnisse und der Übersetzungshilfen. Wortgruppen sind Sinngruppen; übernehmen Sie diese im Zusammenhang. Ziehen Sie das Wörterbuch erst heran, wenn Sie sich ein möglichst genaues Verständnis des syntaktischen und inhaltlichen Satzzusammenhangs verschafft haben. Bei Dichtungstexten müssen Sie mit entsprechend poetischer Wortwahl rechnen; beachten Sie daher die metaphorischen bzw. metonymischen Bedeutungen im Wörterbuch.
- Achten Sie immer auf den Kontext: Was wird im vorhergehenden Satz bzw. im bisherigen Text gesagt? Lassen Sie im Konzept Platz zwischen den Sätzen (für jeden Satz eine neue Zeile nehmen!) und eine genügend große Lücke für Stellen,

die Sie zunächst nicht verstehen. **Hierzu ein Tipp:** Manchmal hilft eine in Gedankenstriche gesetzte grammatikalisch richtige bzw. möglichst wörtliche Übertragung der Wortgruppe.

- Belassen Sie, wenn möglich, die erste Stelle eines lateinischen Satzes (nach einem Konnektor) auch in der Übersetzung; so können Sie den Stil/die Intention des Autors nachempfinden. Ebenso sollten Sie die Reihenfolge der Wortgruppen bzw. der Aussagen übernehmen, sofern der deutsche Satzbau dieses gestattet.
- Das Ziel Ihrer Übersetzungsarbeit ist eine vollständige deutsche Wiedergabe, die dem Sinn des Textes gerecht wird, an der Zielsprache orientiert ist – d. h. die Normen und Konventionen der deutschen Sprache beachtet – sowie die Intention des Autors und den historischen Hintergrund berücksichtigt.

5 Anforderungsbereiche und Arbeitsanweisungen in der Interpretationsaufgabe

Die erwarteten Leistungen werden nach Anforderungsbereichen differenziert. Diese stellen eine Steigerung von I bis III dar, wobei die Leistungen der niedrigeren Bereiche von den höheren jeweils mit beinhaltet werden.
Der **Anforderungsbereich I** umfasst die Wiedergabe von Kenntnissen und Sachverhalten aus einem abgegrenzten Gebiet sowie die Beschreibung und Verwendung von gelernten Arbeitstechniken.
Der **Anforderungsbereich II** umfasst das Anwenden von Kenntnissen, d. h. selbstständiges Auswählen, Anordnen, Verarbeiten und Darstellen bekannter Sachverhalte und Übertragen auf vergleichbare neue Situationen.
Der **Anforderungsbereich III** umfasst planmäßiges Verarbeiten komplexer Gegebenheiten, wobei geeignete Methoden selbstständig ausgewählt werden müssen. Ziel ist es, zu einer selbstständigen Lösung, Deutung, Wertung zu gelangen.

Es folgt eine Übersicht über die Arbeitsanweisungen (= Operatoren) mit Angabe des jeweiligen Anforderungsbereiches. Die Definitionen werden näher erläutert, sodass Sie einen genaueren Bezug zu den Arbeitsanweisungen in den vorliegenden Übungsaufgaben herstellen können.

Operator	Erläuterung der Definition	Beispiel(e)
Nennen	Sie erkennen definierte Begriffe und geben diese präzise wieder. (AFB: I)	Ü10,1
Benennen	Sie versehen Sachverhalte mit einem zugehörigen Begriff. (AFB: I–II)	Ü11,1
Zusammenstellen	Sie sammeln Begriffe nach vorgegebenen oder selbst erarbeiteten Aspekten. (AFB: I–II)	Ü10,2
Ordnen	Sie systematisieren Begriffe nach vorgegebenen oder selbst erarbeiteten Aspekten. (AFB: I–II)	

Operator	Erläuterung der Definition	Beispiel(e)
Beschreiben	Sie legen einen Sachverhalt bzw. Zusammenhang in eigenen Worten dar. (AFB: I–II)	Ü1,2; Ü9,1a; Ü11,1; Ü15,3c
Darstellen	Sie geben einen Sachverhalt bzw. Zusammenhang strukturiert wieder. (AFB: I–II)	Ü5,2; Ü12,1a; Ü14,1
Einordnen	Sie fügen einen Sachverhalt bzw. eine Aussage mit erläuternden Hinweisen in einen Zusammenhang ein. (AFB: I–II)	Ü2,3a; Ü9,1b; Ü15,2
Zusammenfassen	Sie geben wesentliche Aussagen komprimiert und strukturiert wieder. (AFB: I–II)	Ü3,1; Ü8,1
Belegen	Sie weisen Behauptungen bzw. Aussagen, die vorgegeben oder selbst aufgestellt sind, durch Textstellen nach. (AFB: II)	Ü12,1b.2a; Ü14,1; Ü15,3a
Erklären	Sie ordnen einen Sachverhalt in einen Zusammenhang (z. B. Regel, Modell, Kontext) ein, wobei Sie die inneren Beziehungen darlegen bzw. begründen. (AFB: II)	Ü6,3
Gliedern	Sie teilen einen Text in Sinnabschnitte ein und formulieren eine jeweils zusammenfassende Überschrift; als Begründung führen Sie formale, sprachliche bzw. inhaltliche Gliederungskriterien an. (AFB: II)	Ü1,1; Ü3,1; Ü8,1; Ü13,1
Herausarbeiten	Sie erkennen einen bestimmten Sachverhalt in vorliegenden Textaussagen und stellen diesen dar. (AFB: II)	Ü2,2; Ü3,1; Ü12,2a; Ü14,2a; Ü15,1
Charakterisieren	Sie beschreiben Sachverhalte und Personen in ihren Eigenarten und führen diese Merkmale unter einem bestimmten Aspekt zusammen, der sich aus dem Text ergibt. (AFB: II)	Ü2,1; Ü14,3a
Paraphrasieren	Sie geben den Textinhalt mit eigenen Worten wieder, wobei die Informationsreihenfolge beizubehalten ist. (AFB: II)	Ü7,1
Metrisch Analysieren	Sie stellen einen Vers mit Zeichen für kurze und lange Silben sowie für Zäsuren dar. (AFB: II)	Ü3,2
Gestalten/Entwerfen	Sie interpretieren auf der Grundlage von Textkenntnissen und Sachwissen Aussagen, indem Sie diese (mittels Tabelle, Grafik o. Ä.) gestalten. (AFB: II–III)	Ü9,2
Definieren	Sie erklären einen Begriff möglichst knapp und präzise. (AFB: II–III)	Ü1,2

Operator	Erläuterung der Definition	Beispiel(e)
Erläutern	Vergleichbar mit „Erklären“, aber Sie verdeutlichen die Einordnung eines Sachverhalts in einen Zusammenhang durch weitere Informationen wie Beispiele, Belege, Begründungen. (AFB: II–III)	Ü2,1; Ü4,3; Ü5,3; Ü6,1; Ü9,3a; Ü10,1; Ü11,2b; Ü13,1; Ü14,2a
Begründen	Sie führen nachvollziehbare Argumente für einen Sachverhalt bzw. eine Aussage an. (AFB: II–III)	Ü2,1
Deuten	Sie machen eine Textaussage durch Verknüpfung einer Textstelle mit außertextlichem Bezugsmaterial (z. B. einem Sprichwort, Lebensumständen des Autors, historischem oder philosophischem Hintergrund) verständlich. (AFB: II–III)	Ü4,2; Ü14,3a
Nachweisen / Zeigen	Sie bestätigen einen Sachverhalt bzw. eine Aussage durch eigene Untersuchungen am Text. (AFB: II–III)	Ü1–Ü10; Ü12,3; Ü13,2
Stellung nehmen / Bewerten	Sie vertreten Ihre eigene begründete Position unter Heranziehung von außertextlichen Kenntnissen (Autor, Sachverhalt, Kontext). (AFB: II–III)	Ü3,3; Ü11,3; Ü12,2b; Ü14,3b
Untersuchen / Analysieren	Sie arbeiten Merkmale eines Textes (sprachliche, inhaltliche und/oder strukturelle) unter einer gezielten Fragestellung und deren Darstellung im Zusammenhang heraus. (AFB: II–III)	Ü4,1.3; Ü5,1; Ü8,2; Ü10,3; Ü13,2; Ü15,1.3a
Vergleichen	Sie ermitteln Gemeinsamkeiten, Ähnlichkeiten, Unterschiede nach vorgegebenen oder selbst gewählten Aspekten (Zitat einer anderen Textstelle, Werk, Autoren, philosophische Richtung …) und stellen diese dar. (AFB: II–III)	Ü9,3b; Ü13,3; Ü14,2b; Ü15,3b
Erörtern	Sie untersuchen eine These bzw. Problemstellung durch Gegenüberstellung von Argumenten sowie Gegenargumenten und bewerten diese mit einer begründeten Stellungnahme. (AFB: III)	Ü11,2a
Interpretieren	Sie erarbeiten selbstständig die Gesamtdeutung eines Textes oder Textteils mit dem Ziel einer nachvollziehbaren Darlegung des Textverständnisses; dabei sind textimmanente evtl. auch textexterne Elemente angemessen nach selbst gewählten Methoden zu deuten; ferner ist das Zusammenwirken von Inhalt und Form zu analysieren, zu deuten und zu werten. (AFB: III)	Ü7,3; Ü8,3; Ü11,3; Ü15,2

Wichtige Tipps:
Achten Sie beim Bearbeiten der Teilaufgaben der Interpretation genau auf die Formulierung der Arbeitsanweisung und auf die Angabe der jeweiligen Textstelle, um die es geht. Die 1. Aufgabe umfasst in der Regel den ganzen Text (z. B. formal-inhaltliche Gliederung, Wiedergabe der Argumentation, Anführen von zentralen Begriffen, Kerngedanken), wobei Belege durch Zitierung von Textstellen erforderlich sind. Die 2. Aufgabe kann die sprachlich-stilistische Analyse einer Textstelle und ihre Deutung im Kontext beinhalten. Die 3. Aufgabe kann über den vorliegenden Text hinausgehen und die Einordnung und Deutung in einem größeren Zusammenhang fordern. Die 4. Aufgabe fordert z. B. im Abitur durch Vergleich o. Ä. den Bezug zu einem weiteren thematischen Schwerpunkt und eventuell eine eigene Stellungnahme.
Grundsätzlich gilt: Bei Bezug auf den vorliegenden Text ist immer die Zeilenangabe, je nach Aufgabe auch die Zitierung der lateinischen Textstelle (mit Anführungszeichen!) erforderlich. Rhetorische Stilmittel sind nicht nur zu benennen und zu analysieren, sondern auch immer im Textzusammenhang in ihrer Funktion zu deuten und in ihrer Wirkung zu werten.

6 Hinweise zum Einsatz des Übungsbuches

- Die Übungsaufgaben werden Ihnen im vorliegenden Band in der Form einer üblichen Klausur vorgelegt. Unter dem Text steht zusätzlich die Angabe der Wortzahl und hinter den Interpretationsaufgaben finden Sie jeweils die erreichbaren Bewertungspunkte. Sie können den vorliegenden Band zur Kurzinformation über Autoren und Themen und zur Wiederholung der Methoden der sprachlichen und inhaltlichen Textarbeit nutzen. Ferner haben Sie die Möglichkeit, sich jeweils zusätzlich mit den Besonderheiten eines Autors und den Anforderungen eines oder mehrerer zugehöriger Themen zu befassen, falls Übereinstimmungen mit dem laufenden Unterricht vorliegen. Im Hinblick auf die Halbjahresklausuren haben Sie mehrere Übungsaufgaben zu dem betreffenden Autor vorliegen.
- Vor der Musterlösung jeder Aufgabe einschließlich der Übersetzungsaufgabe stehen zunächst hilfreiche Hinweise, wie Sie an die jeweilige Aufgabe herangehen sollen. Ferner findet sich immer die Angabe des Anforderungsbereiches. Sie können zur Übung demnach jeweils die Hinweise durchlesen und anschließend die entsprechenden Aufgaben lösen und dann die Ergebnisse mit der Musterlösung vergleichen. Wenn Sie schon genügend Erfahrung mit dem Autor und dem Thema haben, sollten Sie versuchen, ohne diese Hilfen zu einer Lösung zu kommen, und dann Ihr Ergebnis unter nachträglicher Auswertung der Hinweise überprüfen.
- Die Übungsaufgaben erheben keinen Anspruch auf Vollständigkeit, sie stellen vielmehr eine repräsentative Auswahl von Autoren bzw. Texten für die Oberstufe dar. Sie bieten zusätzliches Übungsmaterial, ersetzen aber nicht die unterrichtliche Vor- bzw. Nachbereitung. Im Hinblick auf die Abiturklausur kann man mit

dem Buch eine Kurzwiederholung starten und sich ggf. mit einzelnen Aspekten anhand von Zusatzmaterialien (Autoren- und Sachinformationen) näher befassen. Eine Anregung dazu bietet auch das beigefügte Stichwortverzeichnis: Wenn die Ausführungen an der jeweiligen Stelle zum Verständnis nicht ausreichen sollten bzw. Sie das Gefühl haben, Ihr Wissen vertiefen zu müssen, sollten Sie sich unbedingt weiter informieren.

7 Informationen zu den römischen Autoren

Plinius der Jüngere (61/62 – ca. 112 n. Chr.)

Gaius Plinius Caecilius Secundus aus Como wuchs bei seinem Onkel und Adoptivvater, Plinius dem Älteren, auf, der unter dem Kaiser Vespasian Kommandant der Flotte in Misenum war und 79 n. Chr. beim Vesuvausbruch ums Leben kam, als er Betroffenen zu Hilfe kommen wollte. Der Onkel, der neben seiner Tätigkeit in kaiserlichen Diensten schriftstellerisch tätig war – er verfasste naturkundliche und historische Werke –, ließ seinem Neffen in Rom eine gute rhetorische Ausbildung zukommen. Dieser war schon mit 19 Jahren als Anwalt tätig und begann bald darauf seine politische Laufbahn, deren Höhepunkt die Tätigkeit als kaiserlicher Legat in der Provinz Bithynien am Schwarzen Meer war.

Von seinem schriftstellerischen Werk sind eine Lobrede auf den Kaiser Trajan und 10 Bücher mit Briefen erhalten. Während das 10. Buch einen Briefwechsel mit dem Kaiser Trajan enthält, sind die anderen Briefe an Verwandte und Freunde gerichtet. Es handelt sich um Privatbriefe, die für eine Veröffentlichung später überarbeitet wurden oder von vornherein zur Veröffentlichung bestimmt gewesen sind.

Inhaltlich fassen die Briefe Bereiche wie Lebensformen der römischen Oberschicht, Bedeutung der Literatur, Gesellschaftskritik, Teilnahme am politischen Leben oder Rückzug aus der Öffentlichkeit, humanitäre und philosophische Aspekte, menschliche Probleme.

Alle Texte sind in der üblichen Briefform geschrieben und enthalten die typischen Elemente der Briefliteratur. Ferner sind sie rhetorisch ausgefeilt und wie eine Rede durch Einleitung (Thema), Hauptteil (Darstellung und Diskussion des Sachverhalts) und Schluss (Schlussfolgerung, evtl. Lehre für den Adressaten) gegliedert.

Der Stil unterscheidet sich von dem der Autoren der sogenannten „Goldenen Latinität“ des 1. Jh. v. Chr. (wie Caesar und Cicero) durch Kürze *(brevitas)* und Prägnanz im Ausdruck. Erreicht wird die Prägnanz durch geringere Satzlänge, Ellipsen, Asyndeton, Bevorzugung einer nominalen statt verbalen Ausdrucksweise. Plinius gehört somit zu den Schriftstellern der sogenannten „Silbernen Latinität“ (spätes 1. und 2. Jh. n. Chr.).

Vergil (70–19 v. Chr.)

Publius Vergilius Maro, aus der Gegend von Mantua in Oberitalien stammend, wuchs auf dem kleinen Landgut seiner Eltern auf und erhielt u. a. in Mailand und Rom eine umfassende rhetorisch-philosophische Ausbildung. Schon früh begann er,

Gedichte zu schreiben, die politische Laufbahn ergriff er nicht. Er erlebte die Zeit der Bürgerkriege (49–45: Caesar vs. Pompeius bzw. Pompeius' Anhänger; 43: Mutinensischer Krieg; 42: Octavian und Antonius vs. die Caesarmörder; 31: Sieg Octavians über Antonius) und war durch die Enteignung seines Landguts 41 v. Chr. im Rahmen der Landverteilung an die Veteranen Octavians persönlich davon betroffen. Allerdings wurde er von Octavian wohl durch Vermittlung des Maecenas, der Dichter förderte und in seinen Kreis auch Vergil aufgenommen hatte, entschädigt, sodass Vergil ohne finanzielle Sorgen seiner dichterischen Neigung nachgehen konnte. Sein literarisches Werk, alles in Hexametern, umfasst:

- 10 Hirtengedichte, griech. *Bucolica* (auch *Eklogen* = „ausgewählte Gedichte" genannt), in denen das einfache, aber friedliche Leben der Hirten hervorgehoben wird,
- 4 Bücher über die Landwirtschaft, griech. *Georgica*, ein Lehrgedicht, das von der Arbeit der Bauern handelt, vor allem aber den Sinn der Arbeit als Anreiz für die Entwicklung der menschlichen Fähigkeiten und Kultur herausstellt
- 12 Bücher eines Epos mit dem Titel *Aeneis* nach dem Vorbild von Homers Epen *Ilias* und *Odyssee*; die *Aeneis* handelt von der Flucht des Aeneas, des Sohnes der Göttin Venus und des Anchises, und seiner Getreuen aus dem brennenden Troja, seinen Irrfahrten, seinem Aufenthalt in Karthago bei der Königin Dido und seiner Ankunft an dem von den Göttern verheißenen Ziel in Latium, der Gegend, wo später Rom gegründet wird.

Die augusteische Zeit war die Blütezeit der Dichtung (außer Vergil seien hier noch Ovid, Horaz sowie die Elegiker Tibull und Properz genannt). Die Dichtung ist geprägt von der augusteischen Friedenszeit, der *pax Augusta*. In Octavian, der im Jahre 27 v. Chr. vom Senat den Ehrennamen Augustus, der „Erhabene", erhält, sieht Vergil – wie auch die anderen Dichter – den Friedensherrscher eines neuen Goldenen Zeitalters, der die Sitten der Vorfahren, die *mores maiorum*, und alte religiöse Bräuche wieder aufleben lässt. Augustus' Herrschaftsform, der Prinzipat, in dem der *princeps* als *primus inter pares* die erste Stelle einnimmt, gilt ihm als Verwirklichung der gottgewollten Herrschaft Roms über die Welt (= „Romidee").

Livius (59 v. Chr.–17 n. Chr.)

Titus Livius stammte aus Patavium (Padua). Er hatte kein politisches oder militärisches Amt inne, sondern war von Beruf Schriftsteller.
Sein Werk mit dem Titel *Ab urbe condita* („Von der Gründung der Stadt an") umfasst 142 Bücher, die annalistisch, d. h. als jahrweise Erzählung der Geschichte Roms angelegt sind. Im Original liegen noch 35 der 142 Bücher vor. Behandelt wird die Zeit von der Gründung Roms (der Sage nach im Jahr 753 v. Chr.) bis zum Tod des Drusus, des Stiefsohnes von Augustus, im Jahre 9 v. Chr., der nach einem Germanienfeldzug starb. Die Bücher lassen sich zu inhaltlichen Einheiten von 10 Büchern (Dekaden) zusammenfassen. So wird in der 1. Dekade die Königszeit und die frühe Republik bis zum Jahr 293 v. Chr. dargestellt und in der 3. Dekade (Bücher 21 bis 30) die Zeit des Zweiten Punischen Krieges (218–201 v. Chr.).

Die Geschichtsschreibung des Livius ist eine moralische Geschichtsschreibung. Er sieht die Werte der alten *res publica* als die wahren Werte an, die sich in den Sitten der Vorfahren, den *mores maiorum*, bestätigt haben und deren Erneuerung er sich in der *renovatio*, den Reformen des Augustus, erhofft. Entsprechend stellt er *exempla* dar, positive und negative Beispiele mit den entsprechenden Folgen. Auch Gegner des römischen Volkes werden in ihrer Größe gewürdigt. Einen zentralen Raum nehmen in seinem Werk die direkten Reden ein, die er berühmte Persönlichkeiten halten lässt. Wie Vergil sieht auch Livius den Aufstieg Roms zur Weltmacht als Verwirklichung der göttlichen Vorsehung (= „Romidee") an.

Cicero (106–43 v. Chr.)

Marcus Tullius Cicero aus Arpinum, südöstlich von Rom, war ein Angehöriger des Ritterstandes. Als *homo novus* („Emporkömmling", der nicht aus dem patrizischen Geburtsadel stammte) gelang es ihm, alle Ämter des *cursus honorum* („Ämterlaufbahn") vom Quästor, Ädil, Prätor bis zum Konsul (63 v. Chr.) in dem vorgeschriebenen Mindestalter (*suo anno*) zu erreichen. Auf diese Leistung war er sehr stolz.
Er erhielt eine umfassende rhetorische, juristische und philosophische Ausbildung, die man auch seinen Schriften anmerkt, und wurde zunächst als Redner und Anwalt bekannt. Sein vornehmlicher Einsatz galt aber der *res publica*. Die politische Tätigkeit sah er als *negotium* an, das er noch über seine schriftstellerische Aktivität stellte. Nachdem er als Konsul die Verschwörung Catilinas aufgedeckt hatte, wurde er als Retter des Staates angesehen und als *pater patriae* gefeiert, aber im Jahr 58 in die Verbannung geschickt, da man seine Maßnahmen gegen die Catilinarier – eine rasche Hinrichtung der gefassten Anhänger Catilinas, ohne ihnen als römischen Bürgern den Einspruch bei der Volksversammlung zu gewähren *(provocatio ad populum)* – als unrechtmäßig angesehen hatte. Obwohl er nach einem Jahr zurückkehren konnte, war er politisch nicht mehr einflussreich. Da er die Ideale der alten *libera res publica* unter der Alleinherrschaft Caesars nicht mehr gewährleistet sah, widmete er sich im erzwungenen *otium* der rhetorischen und philosophischen Schriftstellerei. Nach der Ermordung Caesars hoffte er auf ein Wiedererstarken der Republik und ging als Führer der Senatspartei gegen Marcus Antonius vor, der die Nachfolge Caesars anstrebte. Im Jahr 43 v. Chr. wurde er von diesem auf die Proskriptionsliste (Liste der Geächteten) gesetzt und getötet.
Das literarische Werk Ciceros, im klassischen Latein verfasst, ist äußerst umfangreich und umfasst verschiedene Textgenera: Briefe, Reden (z. B. *In Catilinam*), rhetorische Schriften (z. B. *De oratore*), staatsphilosophische Schriften (z. B. *De re publica*) und philosophische Schriften (z. B. *De officiis* und *De natura deorum*). Bei den staatsphilosophischen und philosophischen Schriften handelt es sich um die Textform des Dialogs, in dem er berühmte Persönlichkeiten auftreten lässt, die unterschiedliche Ansichten vertreten und diese umfassend darstellen. Während die Briefe sehr persönlich gehalten sind und vorwiegend nicht zur Veröffentlichung vorgesehen waren, sind die Reden klar aufgebaut und stilistisch ausgefeilt. In den rhetorischen Werken vertritt er das Ideal des gebildeten Redners *(orator sapiens)*, der außer einer guten rhetorischen auch eine umfassende philosophische Bildung besitzen muss. In

seinem staatsphilosophischen Werk *De re publica* stellt er u. a. nach dem Vorbild des griechischen Philosophen Platon (428/27–349/48 v. Chr.) die Grundverfassungen und ihre Entartungsformen dar und betont die Vorzüge der römischen Mischverfassung, in der alle Elemente der Grundverfassungen vertreten sind (das monarchische in den Konsuln, das aristokratische im Senat, das demokratische in der Volksversammlung) und die er in der alten *res publica* verwirklicht sieht. Hier fußt er auf dem griechischen Historiker Polybios (ca. 200–120 v. Chr.), der den Aufstieg Roms zur Weltmacht mit der Leistung der Mischverfassung begründet. Berühmt ist Ciceros Staatsdefinition, in der er auf den griechischen Philosophen Aristoteles (384–322 v. Chr.) und seine Vorstellung vom Menschen als Gemeinschaftswesen *(zoon politikon = animal sociale)* zurückgreift. In seinen philosophischen Werken bringt Cicero den Römern die griechische Philosophie nahe, vor allem die Lehre Epikurs und der Stoa, aber auch die Platons und Aristoteles'. Dabei ist es sein besonderer Vorzug, dass er die griechischen philosophischen Begriffe ins Lateinische übertragen und damit den Römern zu eigen gemacht hat.

Seneca (1 v. Chr. – 65 n. Chr.)

Lucius Annaeus Seneca, aus Corduba (Spanien) stammend, erhielt in Rom eine rhetorische und philosophische Ausbildung. Er wurde Quästor und damit Senator. Nach dem Tod des Kaisers Caligula (37–41 n. Chr.) musste Seneca durch eine Intrige Messalinas, der ersten Frau des Kaisers Claudius (41–54 n. Chr.), von 41–49 n. Chr. nach Korsika in die Verbannung gehen. Er wurde auf Veranlassung Agrippinas, der zweiten Frau des Claudius, zurückgerufen und von ihr als Erzieher ihres elfjährigen Sohnes Nero, der Claudius' Nachfolger werden sollte, eingesetzt. Nach Claudius' Tod im Jahr 54 n. Chr. wurde Nero Kaiser (54–68 n. Chr.), war aber noch zu jung, um die Regierungsgeschäfte zu übernehmen. Also führte Seneca fünf Jahre lang zusammen mit dem Prätorianerpräfekten Burrus die Regierung des Römischen Reiches.

Als Neros Charakter sich immer mehr zum Negativen hin entwickelte und völlig entartete (55 n. Chr. ließ er Britannicus, den leiblichen Sohn des Claudius, vergiften, 59 n. Chr. seine Mutter Agrippina ermorden, 62 n. Chr. wohl Burrus vergiften und seine verstoßene erste Ehefrau Octavia töten), zog sich Seneca 62 n. Chr. aus der Politik zurück und widmete sich ganz der philosophischen Schriftstellerei, mit der er schon während seiner Verbannungszeit begonnen hatte. Als es im Jahr 65 n. Chr. eine Verschwörung gegen den Kaiser gab, wurde Seneca von Nero der Mitbeteiligung beschuldigt und zum Tod verurteilt. Nero befahl seinem ehemaligen Lehrer und Berater, sich selbst zu töten, und Seneca vollzog diesen Befehl mit der Gelassenheit des Stoikers.

Senecas Werk ist äußerst umfangreich: Es umfasst eine Satire *(Apocolocyntosis)*, drei Trostschriften *(Ad Marciam, Ad Helviam matrem, Ad Polybium)*, neun Tragödien, 14 philosophische Abhandlungen (z. B. *De vita beata, De tranquillitate animi*), die *Naturales quaestiones* und 124 fiktive Briefe (*Epistulae morales ad Lucilium*), die ab dem Jahr 62 n. Chr. entstanden und einem Freund gewidmet sind. Bei Letzteren handelt es sich um kurze philosophische Essays, in denen Seneca als Pädagoge

und Philosoph, aber auch als Mensch, der selbst noch auf der Suche nach dem rechten Weg zum glücklichen Leben ist, Lebenshilfe vermittelt. Durch seine Briefe will er nicht nur Lucilius, sondern jeden Menschen ansprechen. In der Überzeugung, dass er durch seine philosophischen Schriften im *otium* („Zurückgezogenheit, Privatleben") ein *commune negotium* („öffentliche Aufgabe") erfüllt, unterscheidet er sich von Cicero, der politisches Engagement als Verpflichtung und vorrangig vor schriftstellerischer Tätigkeit ansieht. Seneca sagt, dass man schon eine öffentliche Aufgabe erfülle, wenn man aus sich selbst einen Menschen mache, der anderen ein Vorbild sein könne (vgl. Übungsaufgabe 13).
Als Philosoph vertritt Seneca die Lehre der Stoa, setzt sich aber auch mit Gedanken Epikurs auseinander. Der Stil in seinen philosophischen Schriften unterscheidet sich stark von dem klassischen Stil Ciceros, der oft lange Satzperioden bevorzugt. Seneca gehört wie Plinius zu den Vertretern der „Silbernen Latinität" – sein Stil zeichnet sich z. B. durch kurze prägnante Sätze, Sentenzen, Anreden an den Adressaten, Variationen in der Wortwahl sowie in Wort- und Satzstellung, Verwendung zahlreicher rhetorischer Mittel, Einführung eines fingierten Sprechers als eines Vertreters der Gegenseite aus. Auf diese Weise will er den Leser direkt ansprechen und im rechten Sinne, d. h. im stoischen Sinne, beeinflussen.

Klausuren Latein
Übungsaufgabe 1: Plinius I

Text

Plinius schreibt an einen Freund, der nach seiner beruflichen Tätigkeit in der Politik jetzt im Ruhestand auf seinem Landgut lebt.

C. Plinius Pomponio Basso suo s.
Magnam cepi voluptatem, cum ex communibus amicis cognovi te, ut sapientia tua dignum est, et disponere otium et ferre: habitare amoenissime et nunc terra, nunc mari corpus agitare, multum disputare, multum audire, multum lectitare, cumque plurimum scias, cottidie tamen aliquid addiscere.
Ita senescere oportet virum, qui magistratus amplissimos gesserit, exercitus rexerit totumque se rei publicae, *quam diu decebat*, obtulerit. Nam et prima vitae tempora et media patriae, extrema nobis impertire debemus, *ut ipsae leges monent*, quae maiorem annis otio reddunt.
Quando mihi licebit, quando per aetatem honestum erit imitari istud pulcherrimae quietis exemplum? Quando secessus mei non desidiae nomen, sed tranquillitatis accipient? Vale.

(102 Wörter, ohne die übersetzten Textstellen in Z. 7 u. Z. 8)

Übersetzungshilfen

Z. 2	capere: *hier:* empfinden
Z. 3	*Ergänzen Sie zu* disponere *und* ferre *in der deutschen Übersetzung ein* „entsprechend“. ferre: *hier:* führen
Z. 3–5	*Die Infinitivaussagen ab Z. 3 b stellen eine Erläuterung des AcI in Z. 2 f. dar; ergänzen Sie jeweils* te.
Z. 4	agitare: *hier:* trainieren audire: *hier:* anhören *(z. B. Lesungen)* lectitare = legere
Z. 6 f.	qui …: *konsekutiver Relativsatz, der Konjunktiv Perfekt ist als Indikativ zu übersetzen*
Z. 7	*Übersetzung des kursiv gesetzten Abschnitts: „so lange, wie es angemessen war“* vitae tempora: *gehört auch zu* media *und* extrema *in Z. 8*
Z. 8	impertire: zuteilen / widmen *Übersetzung des kursiv gesetzten Abschnitts: „wie es die Gesetze selbst nahelegen“ (Gemeint ist ein Gesetz, nach dem ein Senator mit 60 Jahren in den Ruhestand treten konnte.)*
Z. 9	maior annis: ein älterer Mann reddere: *hier:* überlassen
Z. 10	per aetatem: altershalber / vom Alter her imitari: *Subjekt zu* licebit *und* honestum erit

Aufgabenstellung

I. Übersetzen Sie den lateinischen Text ins Deutsche.

II. Bearbeiten Sie folgende Interpretationsaufgaben:

1. Gliedern Sie den Text entsprechend dem für Plinius-Briefe typischen Aufbauschema und führen Sie jeweils den Hauptgedanken an. (12 Punkte)
2. Definieren Sie *otium* und *negotium* als Formen der Lebensgestaltung eines Römers der gesellschaftlichen Oberschicht. Berücksichtigen Sie dabei auch das Beispiel des Adressaten Pomponius Bassus (Z. 2–7). (12 Punkte)
3. a) Zeigen Sie, wie Plinius in den Zeilen 10–12 durch sprachlich-stilistische Mittel sein persönliches Befinden verdeutlicht. (10 Punkte)
   b) Weisen Sie anhand von charakteristischen Aussagen in den Zeilen 7–10 nach, dass er andererseits den Anforderungen der Gesellschaft Rechnung trägt. (6 Punkte)

Lösungsvorschläge

I. Übersetzung

Der Hinführung zum Text lassen sich der Autor (Plinius) und die Textart (Brief) entnehmen, was sich mit der Grußformel (Z. 1) bestätigt. Demnach müssen Sie mit Verbformen und Pronomina der 1. Person Singular für den Autor rechnen (evtl. auch der 1. Person Plural zur Verallgemeinerung oder zur Verdeutlichung, dass der Absender sich mit dem Adressaten auf eine Stufe stellt) sowie der 2. Person Singular für den Adressaten.
Zur formalen Dekodierung könnte man (z. B. beim zweiten Durchlesen) die Personen durch Farben oder Symbole unterscheiden. Nehmen Sie hierzu dünne Farbstifte bzw. einen Bleistift, da Sie Textmarker sinnvollerweise bei der Bearbeitung der Interpretationsaufgabe Nr. 2 verwenden sollten (s. u.). Die Textart „Brief" weist ferner darauf hin, dass Sie hinsichtlich der Tempora mit dem Präsens und dem konstatierenden Perfekt rechnen müssen.
Die inhaltlichen Aspekte des vorliegenden Textes lassen sich aus der Hinführung sowie aus der Interpretationsaufgabe Nr. 2 erschließen: Der Adressat des Briefes ist ein Mann, der nach der Erfüllung des negotium *sich jetzt dem verdienten* otium *widmen kann, das er auf seinem Landgut verbringt. Damit ist der inhaltliche Bereich abgesteckt. Sie sind durch die Lektüre von Plinius-Briefen mit den genannten Aspekten vertraut, wissen, dass man die Begriffe* otium *und* negotium *nicht übersetzen muss, sondern übernehmen kann, und kennen Vokabeln, die den entsprechenden Sachfeldern zuzuordnen sind. So könnte man (wie oben gesagt) im Hinblick auf die Interpretationsaufgabe Nr. 2 die zugehörigen Ausdrücke in den Zeilen 2–7 schon vor der Übersetzung durch Markieren unterscheiden (in-*

haltliche Dekodierung). In Bezug auf den Schreibstil müssen Sie bei Plinius mit Prägnanz im Ausdruck rechnen, z. B. Ellipsen, wie Sie aus den Übersetzungshilfen zu den Zeilen 3–5 bzw. 7 entnehmen können. Ebenso liegt eine Ellipse in Zeile 11 vor, wo nomen *als Beziehungswort zu* tranquillitatis *ergänzt werden muss; hier wird allerdings erwartet, dass Sie das selbst herausfinden, was anhand der Gegenüberstellung* non – sed *und der parallelen Stellung der Genitive* desidiae – tranquillitatis *leicht möglich ist. Plinius verwendet auch gerne Hyperbata – hier z. B. in Zeile 2.*
Es ist sinnvoll, schon beim ersten grammatischen Durcharbeiten des Textes, der Satzanalyse, die Hinweise zur Ergänzung von Wörtern (Z. 3–5, Z. 7 u. Z. 10) zu beachten, d. h. im Text oder am Textrand einzufügen. Ebenso sollte man durch grafische Zeichen deutlich machen, welche Wörter als Wortblock zusammengehören (KNG-Kongruenz, Genitivattribut + Beziehungswort, Präposition + Substantiv). Auf diese Weise lassen sich auch Hyperbata deutlich machen.
Übernehmen Sie bei der endgültigen Übersetzung, der Rekodierung, die Abschnitte der lateinischen Textvorlage; dieses dient der Übersichtlichkeit, wenn Sie bei der Lösung der Interpretationsaufgaben Text und Übersetzung zum Vergleich heranziehen müssen. *(Anforderungsbereich III)*

C. Plinius grüßt seinen Pomponius Bassus
Großes Vergnügen habe ich empfunden, als ich von gemeinsamen Freunden erfahren habe, dass du, wie es deiner Weisheit würdig/angemessen ist, dein *otium*/ deinen Ruhestand sowohl entsprechend ordnest/einteilst als auch führst: dass du sehr angenehm/in einer sehr angenehmen Gegend wohnst und bald auf dem Land, bald im Meer/im Wasser deinen Körper trainierst, viel diskutierst, viel anhörst, viel liest und, obwohl du sehr viel weißt, täglich dennoch etwas hinzulernst.
Auf diese Weise alt zu werden, gehört sich für einen Mann, der höchst bedeutende Ämter bekleidet hat, Heere geführt und sich ganz dem Staat, *solange, wie es angemessen war,* gewidmet hat. Denn sowohl die erste Zeit *(Sg. statt Pl.)* als auch die mittlere Zeit des Lebens/sowohl die erste als auch die mittlere Lebenszeit müssen wir dem Vaterland widmen, die letzte (aber) uns (selbst) zuteilen/für uns in Anspruch nehmen, *wie es die Gesetze selbst nahelegen,* die einen älteren Mann dem *otium* überlassen.
Wann wird es mir erlaubt sein, wann wird es (für mich) vom Alter her schicklich/ehrenwert sein, dieses Beispiel schönster Ruhe nachzuahmen? Wann werden meine Aufenthalte auf dem Land nicht (mehr) die Bezeichnung „Faulenzen/Untätigkeit“, sondern (die Bezeichnung) „Ruhe“ erhalten? Lebe wohl.

Plinius, ep. 4, 23

II. Interpretationsaufgaben

1. *Da es sich bei dem vorliegenden Text um einen vollständigen Brief handelt, lassen sich hier alle Gliederungselemente eines Plinius-Briefes wiederfinden, die Sie während der Lektüre kennengelernt haben. Diese sollen Sie unter Benutzung der Fachbegriffe nennen und im Text nachweisen, wobei auch formale Hinweise zu erwähnen sind. Ferner ist der jeweilige Hauptgedanke unter Anführung entsprechender Textbelege zu dem betreffenden Gliederungspunkt herauszuarbeiten.* *(Anforderungsbereich II)*

Der Brief beginnt mit der **Eingangsformel** (Z. 1), aus der der Absender, C. Plinius, und der Adressat, Pomponius Bassus, zu entnehmen sind. Der Zusatz *suo* weist auf eine freundschaftliche Beziehung zwischen beiden hin. (Zusatz: Eine Bestätigung lässt sich aus Zeile 2 entnehmen, wo von *communibus amicis* – gemeinsamen Freunden gesprochen wird.) Die Abkürzung *s.* steht für *salutem,* wobei eigentlich *dicit* ergänzt werden müsste. Letzteres war aber so selbstverständlich, dass man es in der Regel wegließ. Damit handelt es sich um die Gruß- oder Höflichkeitsfloskel, die zu Beginn eines Briefes stehen musste. Ebenso findet man am Briefende (Z. 12) die **Schlussformel** *Vale,* die den üblichen Wohlergehenswunsch beinhaltet. (3 Punkte)
Die Zeilen 2 f. bis *ferre* umfassen die **Einleitung:** Plinius nennt den Briefanlass – er hat von gemeinsamen Freunden erfahren, wie Pomponius seinen Ruhestand gestaltet – und damit ist das Thema festgelegt, nämlich die angemessene Führung des *otium* (*et disponere otium et ferre*, Z. 3). (2 Punkte)
Die Zeilen 3b–5 stellen den **ersten Hauptteil** dar. Hier wird das Thema ausgeführt: Wie lebt Pomponius im Ruhestand? Die Antwort umfasst eine Auflistung von sechs Infinitivkonstruktionen. (2 Punkte)
Im **zweiten Hauptteil**, der die Zeilen 6–9 umfasst, befürwortet der Autor das *otium* mit dem Hinweis *ita senescere oportet,* wobei mit *senescere* gleichzeitig eine Einschränkung vorgenommen wird: Zwei Drittel des Lebens stehen dem Staat zu, das letzte Drittel – das Alter – dem Privatleben. Diese Begründung, mit *nam* (Z. 7) eingeleitet, wird als moralische Verpflichtung (*debemus,* Z. 8) und gesetzliche Empfehlung (*ut ipsae leges monent, quae ...*, Z. 8 f.) formuliert. (3 Punkte)
Den **Schluss** bilden die Zeilen 10–12. Er wird eingeleitet mit dem Fragewort *quando* und beinhaltet den persönlichen Wunsch des Autors nach einem baldigen dauerhaften *otium* (*quando mihi licebit ... imitari*, Z. 10). (2 Punkte)

Hinweis zur Bewertung: Die Hälfte der Punktzahl wird erreicht, wenn das Aufbauschema mit Fachbegriffen benannt und mit den entsprechenden Textzeilen belegt wird sowie der jeweilige Hauptgedanke in Grundzügen erfasst worden ist.

2. *Die Begriffe* otium *und* negotium *sowie die damit verbundene Vorstellung der Lebensgestaltung eines Römers der gebildeten Oberschicht sollten Ihnen aus einem Sachbuch und/oder aus der Lektüre entsprechender Plinius-Briefe bekannt sein. Es ist empfehlenswert, zur Abgrenzung der Begriffe das Wörterbuch hinzuzuziehen. Zur weiteren Beschreibung greifen Sie auf Ihr Sachwissen zurück. Die Bezugnahme auf das Beispiel des Adressaten erfordert, dass Sie Ihre Aussagen mit lateinischen Textstellen belegen.*
(Anforderungsbereich II – III)

Mit *otium* ist die „freie Zeit" oder „Muße" gemeint, während *negotium* die „Tätigkeit/Beschäftigung" bezeichnet. Das Substantiv *negotium* ist entstanden aus *nec-otium,* bedeutet also eigentlich „Nicht-Muße". (1 Punkt)
Für einen Römer wie Plinius, der selbst in kaiserlichen Diensten stand und anspruchsvolle Ämter bekleidete, war es selbstverständlich, einer Tätigkeit nachzugehen, die sich in der Öffentlichkeit abspielte, also z. B. als Anwalt oder Politiker. Dieses *negotium* wurde in der Stadt *(urbs),* vornehmlich in Rom, ausgeübt – außer es bezog sich auf den militärischen Bereich. Das *negotium* des Pomponius bestand in politischen (*magistratus amplissimos gesserit,* Z. 6) und militärischen Aufgaben (*exercitus rexerit,* Z. 6). (2 Punkte)
Für das zeitweilige *otium,* also die notwendige Erholung vom (und für) *negotium,* besaß der wohlhabende Römer ein Landgut – möglichst nicht zu weit vom Ort seiner Tätigkeit entfernt –, auf das er sich zurückziehen konnte. Neben der körperlichen Erholung und dem Abschalten von beruflicher Verpflichtung stand für einen gebildeten Römer hier die geistige Betätigung zumindest auf gleicher Stufe. Damit sind Weiterbildung und literarische Beschäftigung gemeint. Für einen Mann, der sich nach Abschluss seiner aktiven beruflichen Tätigkeit ins Privatleben zurückgezogen hatte, galt das *otium* dauerhaft. Dieses trifft für den Adressaten zu, der sich laut Plinius in der Politik engagiert hat (*totum se rei publicae … obtulerit,* Z. 7) und jetzt sein *otium* verdientermaßen genießt (*ita senescere oportet,* Z. 6). (4 Punkte)
Pomponius verbringt seinen Ruhestand so, wie man es von einem Mann seiner Bildung erwartet (*ut sapientia tua dignum est,* Z. 2 f.): Er teilt sein *otium* entsprechend ein und gestaltet es so (*et disponere otium et ferre,* Z. 3), dass alle Möglichkeiten gleichermaßen enthalten sind. Zunächst ist die Umgebung wichtig – er wohnt sehr angenehm, also wohl auf dem Land (*habitare amoenissime,* Z. 3) und am Meer gelegen (*mari,* Z. 4). Weiter tut er etwas für seinen Körper bzw. seine Gesundheit (*corpus agitare*, Z. 4), wobei Wert auf Abwechslung gelegt wird (*nunc terra, nunc mari,* Z. 3 f.). Vier Aussagen (Z. 4 f.) betreffen die geistige Betätigung: diskutieren *(disputare),* Lesungen anhören *(audire),* eigenes Lesen *(lectitare)* und ständige Bereitschaft, sich weiterzubilden *(cottidie … addiscere).* (5 Punkte)
(Zusatz: Dass Plinius die geistigen Beschäftigungen besonders hoch einschätzt, sieht man an der Schlussstellung in der Aufzählung der Aspekte der *otium*-Gestaltung sowie an der Anapher *multum* und der Steigerung *plurimum.*)

Hinweise zur Bewertung: Die Hälfte der Punktzahl wird erreicht, wenn die Begriffe richtig definiert und in Grundzügen erläutert worden sind. Zudem muss das Beispiel des Adressaten mit der Hälfte der Aspekte und Textbelege vertreten sein.

3. a) *Hier ist eine gut überschaubare Textstelle daraufhin zu untersuchen, wie der Autor persönliches Befinden durch die sprachlich-stilistische Gestaltung hervorhebt. Da es sich hier um den Briefschluss handelt (vgl. Lösung der Aufgabe Nr. 1), ist mit einem persönlichen Statement o. Ä. des Verfassers zu rechnen. Es gilt, zunächst das Befinden des Autors, soweit es hier deutlich wird, darzustellen und dann am Text zu untersuchen, wie es ihm gelingt, dieses dem Leser durch gestalterische Elemente nahezubringen.*
(Anforderungsbereich II–III)

In den Zeilen 10 ff. macht Plinius dem Adressaten deutlich, dass er ihn um den Genuss seines *otium* beneidet. Er sehnt sich danach, wie Pomponius in einem beständigen *otium* leben zu können (*imitari istud ... exemplum,* Z. 10 f.), anstatt – wie zurzeit – nur zur vorübergehenden Erholung (*desidiae,* Z. 11) auf dem Land zu weilen (*secessus mei,* Z. 11). (3 Punkte)
Wie groß sein Wunsch danach ist, bringt er durch die **dreimalige Anapher** *quando* (Z. 10 f.) zum Ausdruck, die jeweils eine **rhetorische Frage** mit dem Tenor einleitet: „Wann wird es auch für mich so weit sein?“ Der starke persönliche Bezug zeigt sich auch in der Verwendung der **Pronomina der 1. Person Singular** (*mihi,* Z. 10 und *mei,* Z. 11). (3 Punkte)
Die hohe Wertschätzung, die Plinius dem dauerhaften *otium* beimisst, zeigt sich außer im Klang, der durch die **Alliteration** *imitari istud* (Z. 10) hervorgerufen wird, in der **positiv konnotierten Wortwahl** zur Bezeichnung des Ruhestandes: Die **Synonyme** *quietis* (Z. 11) – positiv verstärkt durch das Attribut im **Superlativ** *pulcherrimae* (Z. 10) – und *tranquillitatis* (Z. 11) bezeichnen dieses *otium,* das im Gegensatz zu *desidiae* (Z. 11) steht und damit eine Lebensform meint, die über die Erholung vom Alltag die geistige Beschäftigung, d. h. im Sinne des Autors die literarische Tätigkeit, stellt. (4 Punkte)

Hinweis zur Bewertung: Die Hälfte der Punktzahl wird erreicht, wenn das persönliche Befinden des Autors in Grundzügen dargestellt und an drei sprachlich-stilistischen Besonderheiten festgemacht wird.

b) *Durch eigene Untersuchungen am Text sollen Sie hier den Nachweis erbringen, dass Plinius trotz seines Wunsches nach dem Rückzug ins Privatleben die Anforderungen, die die Gesellschaft stellt, nicht beiseiteschiebt. Suchen Sie entsprechende Aussagen und werten Sie diese unter dem genannten Aspekt aus.* *(Anforderungsbereich II–III)*

Der Rückzug ins Privatleben ist laut Plinius erst gestattet, wenn man seiner Verpflichtung gegenüber der Gesellschaft nachgekommen ist. Die

Aussage *prima vitae tempora et media patriae … impertire debemus* (Z. 7 f.) zeigt, dass der Staat von seinen Bürgern den größten Teil des Lebens für sich einfordert und ihnen nur das letzte Drittel für eigene Gestaltung überlässt, was durch die Wendung *extrema (vitae tempora) nobis* (Z. 8) deutlich wird. (2 Punkte)
Andererseits belegen die Aussagen *ita senescere oportet* (Z. 6) und *quam diu decebat* (Z. 7), dass die Gesellschaft den Rückzug ins *otium* toleriert, wenn man wie Pomponius ein höheres Lebensalter erreicht hat. Die Aussage *ut ipsae leges monent, quae maiorem annis otio reddunt* (Z. 8 f.) verweist auf die gesetzliche Rechtfertigung des Altersruhestandes. (2 Punkte)
Dass auch für Plinius persönlich die Verpflichtungen gegenüber der Gesellschaft höher stehen als sein Wunsch nach dem Privatleben im *otium*, zeigt die Aussage in Zeile 10: *quando mihi licebit, quando per aetatem honestum erit …*: Erst wenn er das entsprechende Alter erreicht hat, wird es auch für ihn erlaubt bzw. angemessen sein, sich vom *negotium* ins *otium* zurückzuziehen. (2 Punkte)

Hinweis zur Bewertung: Die Hälfte der Punktzahl wird erreicht, wenn drei charakteristische Aussagen festgestellt und im Sinne des in der Aufgabe angeführten thematischen Aspekts gedeutet worden sind.

Klausuren Latein
Übungsaufgabe 2: Plinius II

Text

Plinius berichtet im Brief an einen Freund über eine Frau namens Arria. Diese war die Ehefrau des Caecina Paetus, der nach einem missglückten Aufstand gegen Kaiser Claudius im Jahre 42 v. Chr. zum Tod verurteilt worden war. Wie außergewöhnlich sich dessen Frau verhielt, als er zögerte, durch eine – dem Sinn der stoischen Philosophie gemäßen – Selbsttötung der Hinrichtung zuvorzukommen, wird in den Zeilen 10–12 des vorliegenden Textes erwähnt. Vorher wird beschrieben, wie sie sich in einer anderen Ausnahmesituation verhalten hat:

Aegrotabat Caecina Paetus, aegrotabat etiam filius – uterque mortifere, ut videbatur. Filius decessit – (adulescens) eximia pulchritudine, pari verecundia *et parentibus non minus ob alia carus, quam quod filius erat.* Huic illa ita funus paravit, ita duxit exsequias, ut ignoraret maritus; quin immo, quotiens cubiculum eius intraret, vivere filium atque etiam commodiorem esse simulabat ac (ei) persaepe interroganti, quid ageret puer, respondebat: „Bene quievit, libenter cibum sumpsit."

Deinde, cum diu cohibitae lacrimae vincerent prorumperentque, egrediebatur; tunc se dolori dabat; satiata siccis oculis, composito vultu redibat, tamquam orbitatem foris reliquisset.

Praeclarum quidem (erat) illud eiusdem – ferrum stringere, perfodere pectus, extrahere pugionem, porrigere marito, addere vocem immortalem ac paene divinam: „Paete, non dolet." Sed tamen (Arriae) ista facienti, ista dicenti gloria et aeternitas ante oculos erant; quo maius est sine praemio aeternitatis, sine praemio gloriae abdere lacrimas, operire luctum amissoque filio matrem adhuc agere.

(107 Wörter, ohne die übersetzten Textstellen Z. 2 f. und Z. 10–12)

Übersetzungshilfen

Z. 1	ut videbatur: wie es schien
Z. 2	decedere = mori
	verecundia: Zurückhaltung / Gefühl für Anstand
Z. 2 f.	*Übersetzung des kursiv gesetzten Abschnitts: „und den Eltern nicht weniger wegen anderer Dinge lieb als deswegen, weil er ihr Sohn war"*
Z. 4	ignorare: *hier:* nicht bemerken
	quin immo: ja sogar
	quotiens *(m. Konjunktiv)*: jedes Mal, wenn *(m. Indikativ)*
Z. 7	cum: wenn
Z. 8	satiari: sich ausweinen
	compositus, -a, -um: gelassen / gefasst
	orbitas, -atis, f.: Kinderlosigkeit / Verlust
	foris: draußen / vor der Tür
Z. 10–12	*Übersetzung des kursiv gesetzten Abschnitts: „Großartig war zwar jene bekannte Tat derselben Arria, nämlich den Dolch zu zücken, sich die Brust zu durchbohren, den Dolch wieder herauszuziehen, ihn dem Ehemann zu reichen und den unsterblichen und fast göttlichen Ausspruch hinzuzufügen: ‚Paetus, es tut nicht weh.' "*
Z. 13	quo maius est: um wie viel größer ist es
Z. 14	matrem adhuc agere: immer noch Mutter spielen

Aufgabenstellung

I. Übersetzen Sie den lateinischen Text ins Deutsche.

II. Bearbeiten Sie folgende Interpretationsaufgaben:

1. Charakterisieren Sie anhand der Zeilen 1–6 die Situation Arrias und ihr Verhalten. Begründen Sie in diesem Zusammenhang den Tempusgebrauch. (12 Punkte)

2. Arbeiten Sie den Sachverhalt der Ausagen in den Zeilen 7–9 heraus und zeigen Sie, welche Akzente der Autor hier besonders durch die Wortwahl, aber auch weitere sprachlich-stilistische Mittel setzt. (16 Punkte)

3. a) Ordnen Sie den Abschnitt Z. 10–14 inhaltlich in den Textzusammenhang ein. (6 Punkte)
   b) Weisen Sie nach, dass Plinius hier durch Verwendung sprachlich-stilistischer Mittel eine Wertung vornimmt. (20 Punkte)

Lösungsvorschläge

I. Übersetzung

In der Hinführung zum Text erfahren Sie nicht nur, dass es sich hier um einen Brief des Plinius handelt, sondern auch von den Personen, die im Text vorkommen und die ein besonderes Schicksal gehabt haben. Achten Sie bei der inhaltlichen Erschließung also auf die Eigennamen und die entsprechenden Proformen. Kennzeichnen Sie diese mit verschiedenen Farben – es kommt übrigens auch noch eine dritte Person vor, wie Sie bei einem Blick in die Übersetzungshilfen feststellen können; gehen Sie dabei entsprechend vor.
Die Interpretationsaufgaben Nr. 1 und 2 können schon bei der Satzanalyse (Tempora in den Hauptsätzen kennzeichnen!) bzw. bei der Übersetzungsarbeit (Sachbereiche der Wörter und Bedeutungsentscheidung bei der Befragung des Wörterbuchs berücksichtigen!) vorbereitet werden.
Dass der Text in zwei inhaltlich unterschiedliche Abschnitte gegliedert ist, erfahren Sie in der vorhergehenden Information bzw. durch die Interpretationsaufgabe: Die Zeilen 1–9 und die Zeilen 10–14 stellen jeweils eine Einheit dar.
Sprachlich auffällig ist in diesem Text die Fülle der Partizipialkonstruktionen – hier ist eine besonders genaue Satzanalyse angemessen.

(Anforderungsbereich III)

Krank war Caecina Paetus, krank auch sein Sohn – jeder von beiden tödlich, wie es schien. Der Sohn starb – ein junger Mann von außergewöhnlicher Schönheit, ebensolcher Zurückhaltung *und den Eltern nicht weniger wegen anderer Dinge lieb als deswegen, weil er ihr Sohn war.* Diesem bereitete jene so das Begräbnis

vor und so veranstaltete sie die Leichenfeier, dass ihr Ehemann es nicht bemerkte; ja sogar jedes Mal, wenn sie sein Schlafzimmer betrat, gab sie vor, dass der Sohn (noch) lebe und dass es ihm sogar besser gehe, und dem sehr oft Fragenden/ihm, der sehr oft fragte, was der Junge mache, antwortete sie: „Er hat gut geruht/geschlafen und hat gerne sein Essen zu sich genommen.“ Darauf, wenn die lange zurückgehaltenen Tränen siegten und hervorbrachen, ging sie hinaus; dann gab sie sich dem Schmerz hin; wenn sie sich ausgeweint hatte, kehrte sie mit trockenen Augen und gefasster Miene zurück, als ob sie den Verlust draußen zurückgelassen hätte.
Großartig war zwar jene bekannte Tat derselben Arria, nämlich den Dolch zu zücken, sich die Brust zu durchbohren, den Dolch wieder herauszuziehen, ihn dem Ehemann zu reichen und den unsterblichen und fast göttlichen Ausspruch hinzuzufügen: „Paetus, es tut nicht weh.“ Aber dennoch standen Arria, als sie dieses tat und diese Worte sagte, Ruhm und Ewigkeit/unvergänglicher Ruhm *(Hendiadyoin)* vor Augen; um wie viel größer ist es, ohne den Lohn der Ewigkeit, ohne den Lohn des Ruhmes die Tränen zu verbergen, den Schmerz zu verdecken und immer noch Mutter zu spielen, obwohl sie den Sohn verloren hat.

Plinius, ep. 3,16

II. Interpretationsaufgaben

1. *Gehen Sie den Aussagen in der vorliegenden Reihenfolge nach und stellen Sie sie unter dem Aspekt der Ausnahmesituation für die Hauptperson Arria mit Angabe von Textbelegen dar. Der Tempusgebrauch bei den Hauptsatzprädikaten ist in dem gleichen Zusammenhang angemessen zu berücksichtigen.*
(Anforderungsbereich II–III)

Arria befindet sich in einer Lage, die sie seelisch stark belastet: Ihre beiden engsten Angehörigen, ihr Ehemann und ihr Sohn, sind lebensgefährlich erkrankt (*aegrotabat Caecina Paetus, aegrotabat etiam filius – uterque mortifere,* Z. 1). Dass die Krankheit von längerer Dauer gewesen ist, zeigt das Imperfekt. Der Sohn stirbt an der Krankheit (*filius decessit,* Z. 2). Hier liegt ein Tempuswechsel zum historischen/narrativen Perfekt vor, welches das neu eingetretene Ereignis kennzeichnet. (4 Punkte)
Arria erledigt die erforderlichen Aufgaben – Vorbereiten der Bestattung und Durchführung der Leichenfeierlichkeiten (*funus paravit, ... duxit exsequias,* Z. 3 f.) – auf so eine Art und Weise, dass der kranke Ehemann es nicht merkt (*ita ..., ut ignoraret maritus,* Z. 3 f.). Die weitere Verwendung des historischen Perfekts zeigt das Aufeinanderfolgen der einzelnen Aktionen.
(3 Punkte)
Wie Arria im Folgenden ihren Ehemann schont oder zu schonen versucht, indem sie ihm den Tod des Sohnes verheimlicht, wird im Imperfekt beschrieben. Der Satz *quotiens cubiculum eius intraret* (Z. 4) weist darauf hin, dass es sich bei *simulabat* (Z. 5) und *respondebat* (Z. 6) um ein Verhalten handelt, das sich immer wiederholt, und dafür steht das Imperfekt. Mit welchen Me-

thoden Arria versucht, die Gesundung ihres Mannes nicht zu gefährden, beschreibt Plinius in den Zeilen 4–6: Sie tut so, als ob der Sohn noch lebe und als ob es ihm besser gehe (*vivere filium atque etiam commodiorem esse simulabat,* Z. 4 f.); dann verstärkt sie die für ihren Mann erfreuliche Nachricht noch mit dem Zusatz *bene quievit, libenter cibum sumpsit* (Z. 6). Man kann sich gut vorstellen, dass der Vater jetzt beruhigt ist und dieses zu seinem eigenen Wohlbefinden und damit zu seiner Gesundung beiträgt. (5 Punkte)

Hinweis zur Bewertung: Die Hälfte der Punktzahl wird erreicht, wenn die Ausnahmesituation anhand der zutreffenden Aussagen geschildert und das Verhalten Arrias in Grundzügen deutlich gemacht worden ist. Ferner sollten der Tempuswechsel in den Zeilen 1 f. und die Verwendung des Imperfekts in den Zeilen 5 und 6 im Zusammenhang gedeutet worden sein.

2. *Da die Zeilen 7–9 noch zum 1. Textabschnitt gehören, empfiehlt es sich, die Ergebnisse der 1. Aufgabe im Blick zu haben. Stellen Sie die inhaltlichen Aspekte der Zeilen 7–9 dar und setzen Sie die jeweiligen Begriffe dazu in Bezug. Werten Sie dabei vor allem die Wortwahl, sodann weitere rhetorische Auffälligkeiten im Hinblick auf die Autorenabsicht aus.*
(Anforderungsbereich II–III)

In den Zeilen 7–9 wird weiter beschrieben, wie Arria sich nach dem Tod des Sohnes und während der Krankheitsdauer ihres Mannes verhält. Aber es geht jetzt um ihre seelische Lage, nämlich darum, wie sie ihre Trauer bewältigt. Wenn sie ihren Mann im Krankenzimmer aufsucht, darf sie keine entsprechende Emotion zeigen; dass sie sich sehr darum bemühen muss, zeigt der Ausdruck *diu cohibitae lacrimae* (Z. 7) – sie zwingt sich dazu, die Tränen zurückzuhalten. Irgendwann übermannt sie aber doch der Schmerz, ausgedrückt durch zwei Verben: *lacrimae vincerent prorumperentque* (Z. 7), die die Gewalt hervorheben, mit der dieses Gefühl sie überfällt. Sie kann dagegen nicht mehr ankämpfen und verlässt daher das Zimmer (*egrediebatur,* Z. 7), denn sie muss ihren nichts ahnenden kranken Mann schonen. (5 Punkte)
Wenn sie dann allein ist, überlässt sie sich ihrem Schmerz: *tunc se dolori dabat* (Z. 7 f.); der Ausdruck, verstärkt durch eine **Alliteration**, betont die völlige Hingabe an den Schmerz – nichts und niemand würde sie in diesen Momenten aufrichten können. Doch irgendwann kann der Mensch nicht mehr weinen, auch sie nicht, hier ausgedrückt durch das Verb *satiata* (Z. 8).
(4 Punkte)
Dann kehrt sie zu ihrem Mann zurück (*redibat,* Z. 8), wobei sie keinerlei Anzeichen ihres seelischen Schmerzes mehr erkennen lässt: Ihre Augen sind trocken (*siccis oculis,* Z. 8) und sie macht einen gelassenen Eindruck (*composito vultu,* Z. 8); die jeweiligen Adjektivattribute stehen sinngemäß in **Antithese** zu den vorherigen Begriffen *lacrimae vincerent prorumperentque* und *se dolori dabat*. Dazwischen steht das Partizip *satiata* – auffällig ist die **Alliteration** zu *siccis* –, das den Zustand der Überwältigung durch den Schmerz von

dem der Bewältigung des Schmerzes trennt: Erst wenn man sich ausgeweint hat, ist man wieder fähig, die Trauer zumindest nach außen hin abzulegen. Bei ihrem Mann verhält sich Arria so wie vor dem Tod ihres Sohnes (*tamquam orbitatem foris reliquisset,* Z. 8 f.) – der Ausdruck betont ihre innere Stärke, wodurch sie ihr Verantwortungsgefühl gegenüber dem Kranken und dessen Gesundung über ihren eigenen Schmerz stellt. (7 Punkte)

Hinweis zur Bewertung: Die Hälfte der Punktzahl wird erreicht, wenn die wesentlichen inhaltlichen Aspekte erkannt und anhand der zutreffenden lateinischen Begriffe belegt worden sind. Zudem sollte an mindestens drei Textstellen die Besonderheit der Wortwahl herausgestellt und gedeutet worden sein.

3. a) *Hier müssen Sie deutlich machen, wie der Abschnitt Z. 10–14 in den Gesamtzusammenhang des Textes passt. Als Beleg für Ihre Erläuterungen reicht hier der Verweis auf die Zeilen, da bei der Aufgabe b lateinische Textstellen im Einzelnen zu untersuchen sind.*

(Anforderungsbereich I–II)

Der letzte Abschnitt enthält zwei verschiedene Aspekte:
In den Zeilen 10–12a geht es um die Wertung des außergewöhnlichen Verhaltens Arrias im Zusammenhang mit der Selbsttötung ihres Mannes; sie hat sich in einer Extremsituation vorbildhaft verhalten, indem sie ihrem Mann ein Beispiel für die im philosophischen Sinne geforderte rechte Haltung gegeben und ihn damit ermuntert hat, es ihr gleichzutun. Auch in der in den Zeilen 1–9 dargestellten Situation hat Arria beispielhaftes Verhalten gezeigt. Man könnte sagen, dass es ein Charakterzeichen dieser Frau ist, in Ausnahmesituationen innere Stärke zu zeigen.
(4 Punkte)
In den Zeilen 12b–14 wird die im 1. Textabschnitt beschriebene Haltung Arrias nach dem Tod ihres Sohnes und während der noch andauernden schweren Krankheit ihres Mannes von Plinius bewertet. Somit passen diese Zeilen auch bzw. erst recht in den Textzusammenhang. (2 Punkte)

Hinweis zur Bewertung: Die Hälfte der Punktzahl wird erreicht, wenn für beide Textteile der Zusammenhang mit dem Abschnitt der Zeilen 1–9 in Grundzügen dargestellt worden ist.

b) *Es gilt darzustellen, wie Plinius beide Haltungen Arrias bewertet. Dass diese Wertung unterschiedlich ausfällt, ist Ihnen schon beim Blick in die Übersetzungshilfen zu den Zeilen 10–12 und bei der Übersetzung der Zeilen 12–14 deutlich geworden. Jetzt müssen Sie seine Meinung darstellen und nachweisen, dass sein Urteil sprachlich-stilistisch unterstützt wird.*

(Anforderungsbereich II–III)

Plinius bewundert Arrias Tat anlässlich der Selbsttötung ihres Mannes, wie in dem **positiv konnotierten Ausdruck** *praeclarum … illud eiusdem*

(Z. 10) deutlich wird, und auch daran, dass er das damalige Vorgehen in einer **asyndetischen Aufzählung** in fünf nachvollziehbare Schritte zerlegt (vgl. die fünf Infinitivkonstruktionen in Z. 10 f.). Der letzte Schritt erfährt eine zusätzliche Betonung durch den Zusatz von zwei Attributen zu dem Objekt *vocem,* wobei *immortalem* und *divinam* (Z. 11) – Letzteres allerdings eingeschränkt durch *paene* – als **Hendiadyoin** anzusehen sind: Der Ausspruch Arrias, hier in wörtlicher Rede wiedergegeben (vgl. Z. 12), wird nach Meinung des Autors nie in Vergessenheit geraten, was demnach auch für ihre Tat gilt. (5 Punkte)
Aber die Bewunderung wird relativiert: Schon in Zeile 10 erfolgt direkt nach dem positiven *praeclarum* die **Einschränkung** durch *quidem*, fortgeführt durch *sed tamen* (Z. 12), wo er betont, dass diese Tat – hier neutral durch die **Anapher** *ista* und den **Parallelismus** der Wortblöcke ***(ista** facienti* – ***ista** dicenti)* ausgedrückt – letztlich doch nicht als so großartig zu werten ist, da sie mit der Aussicht auf unsterblichen Ruhm, der durch das **Hendiadyoin** *gloria et aeternitas* (Z. 12) hervorgehoben wird, geleistet worden ist. (5 Punkte)
Mit der wertenden Aussage in Zeile 13 *quo maius est*, die im **Komparativ** steht und die Wertung *praeclarum* steigern soll, aber viel bescheidener klingt (und gerade dadurch wirkt), betont Plinius, dass er das in den Zeilen 1–9 dargestellte Verhalten Arrias höher wertet. Sie hat sozusagen im Stillen ohne Aussicht auf späteren Ruhm eine große Leistung erbracht. Dieser Gedanke wird durch **Anapher** und **Parallelismus** hervorgehoben: ***sine praemio*** *aeternitatis* – ***sine praemio*** *gloriae* (Z. 13), wobei die Stellen, die Ruhm und Ewigkeit bezeichnen, im Vergleich zu Zeile 12 jetzt vertauscht sind (**Chiasmus**); es kommt also auf eine solche Belohnung nicht so sehr an! Das, was ihre Leistung ausmacht, wird wieder in einer Reihe von Infinitivkonstruktionen dargestellt, wobei **synonyme** Begriffe für das Verbergen der Trauer und für den Schmerz selbst verwendet werden (*abdere – operire* und *lacrimas – luctum,* Z. 14). Die Großartigkeit ihrer Leistung wird am Schluss durch die Wortstellung besonders hervorgehoben: Auf die Partizipialkonstruktion *amisso filio* folgt die Infinitivkonstruktion *matrem adhuc agere* (Z. 14); es handelt sich um einen **Chiasmus**, bei dem die Verbformen *amisso – agere* und die Verwandtschaftsbezeichnungen *filio – matrem* einander inhaltlich entsprechen. So stehen *filio* und *matrem* nebeneinander; für die Realität gilt dieses nicht mehr, denn an den betonten Außenstellen stehen *amisso* und *agere:* Sie hat den Sohn verloren und spielt doch noch ihre Rolle als Mutter weiter (zusätzliche Betonung durch die **Alliteration**), um die Heilung ihres Mannes nicht zu gefährden. Dieses Zurückstellen ihrer eigenen Person sieht Plinius als die weitaus größere Leistung an. (10 Punkte)

Hinweis zur Bewertung: Die Hälfte der Punktzahl wird erreicht, wenn die unterschiedliche Bewertung der beiden Verhaltensweisen Arrias durch Plinius dargestellt und anhand von mindestens sechs sprachlich-stilistischen Mitteln verdeutlicht worden ist.

Klausuren Latein
Übungsaufgabe 3: Vergil I

Text

Der vorliegende Text stammt aus dem Werk Georgica *des Dichters Vergil. Es handelt sich um ein Lehrgedicht über die Landwirtschaft, das in Hexametern geschrieben ist. Im Rahmen der Darstellung des Ackerbaus fügt Vergil einen Exkurs ein, welcher der Thematik der vier Weltalter zuzuordnen ist. Es gab in der Antike die Vorstellung von vier aufeinanderfolgenden Zeitaltern der Menschheit (Goldenes, Silbernes, Bronzenes, Eisernes Zeitalter), wie sie der Dichter Ovid in seinen „Metamorphosen" beschrieben hat. Der Gott Saturn war der Herrscher im Goldenen Zeitalter, bis er von seinem Sohn Jupiter entmachtet wurde.*

Ante Iovem nulli subigebant arva coloni;
ne signare quidem aut partiri limite campum
fas erat: in medium quaerebant ipsaque tellus
omnia liberius nullo poscente ferebat.
Ille malum virus serpentibus addidit atris
praedarique lupos iussit pontumque moveri
mellaque decussit foliis ignemque removit,
et passim rivis currentia vina repressit,
ut varias usus meditando extunderet artis
paulatim et sulcis frumenti quaereret herbam,
ut silicis venis abstrusum excuderet ignem.
Tunc alnos primum fluvii sensere cavatas;
navita tum stellis numeros et nomina fecit …
Tum variae venere artes. *(82 Wörter)*

Übersetzungshilfen

V. 3	in medium quaerere: alles für alle gemeinsam erwerben; *Subjekt:* „man"
V. 4	liberius *(Adv.)*: freiwillig
	nullo … *(Abl. abs.)*: ohne dass einer …
V. 5	ille: *damit ist Jupiter gemeint*
	addere: geben / verleihen
V. 6	*Wortstellung:* et iussit praedari lupos pontumque moveri
	moveri *(medial)*: aufbrausen / aufwallen
V. 7	mellaque decussit foliis: *Man stellte sich vor, dass der Honig von den Blättern eines Baumes, z. B. einer Eiche, herabtropfte.*
V. 8	rivis currens: in Bächen strömend (*damit ist gemeint:* im Überfluss vorhanden)
	reprimere: versiegen lassen
V. 9	artis = artes
V. 10	paulatim: *zu* extunderet (Z. 9)
V. 10 f.	*Fortführung des ut-Satzes aus Z. 9; setzen Sie jeweils* et ut *an den Anfang.*
V. 10	sulcis: in Ackerfurchen
V. 11	silicis venis: aus den Adern des Feuersteins
V. 13	fecit = dedit *(Die Sterne waren nachts die Orientierungszeichen für die Seefahrt.)*

Aufgabenstellung

I. Übersetzen Sie den lateinischen Text ins Deutsche.

II. Bearbeiten Sie folgende Interpretationsaufgaben:

1. Gliedern Sie den Text anhand von formalen sowie inhaltlichen Kriterien in Sinnabschnitte und fassen Sie die Aussagen zusammen. (20 Punkte)

2. a) Zeigen Sie, wie Vergil in den Versen 1–8 die jeweiligen Verhältnisse charakterisiert und seine Aussagen durch sprachlich-stilistische Mittel unterstützt. (14 Punkte)
   b) Analysieren Sie in metrisch die Verse 7 f. (4 Punkte)

3. Bewerten Sie das Bild des Menschen, das Vergil in den Versen 9–14 entwirft, im Vergleich zu der Vorstellung, die in den Versen 1–4 deutlich wird. (10 Punkte)

Lösungsvorschläge

I. Übersetzung

Die Besonderheiten lateinischer Dichtung kennen Sie aus der Behandlung von Ovids „Metamorphosen":

- *das Versmaß des Hexameters,*
- *häufig die Perfektendung -ere statt -erunt für die 3. Person Plural,*
- *der Wegfall des Perfektkennzeichens -v-/-ve-/-vi-,*
- *die Endung -is statt -es für Akkusativ Plural der 3. Deklination,*
- *die Abweichung in der syntaktischen Wortstellung (z. B. Prädikat nicht am Satzende, Gliedsatzkonnektor an der 2. Stelle),*
- *vor allem das häufige Vorkommen von Hyperbata bei Substantiv und Attribut (Adjektivattribut oder Genitivattribut).*

Andererseits lassen sich Verse oft schneller überblicken als lange Prosasätze. Aber lassen Sie sich nicht täuschen: Auch in der Dichtung können lange Satzreihen oder Satzgefüge vorkommen. Machen Sie sich daher schon beim ersten Lesen durch Zeichen deutlich, wo die Satzgrenzen liegen. Markieren Sie die Prädikate und kennzeichnen Sie Gliedsätze und Hauptsätze wie in einem Prosatext, indem Sie z. B. Konnektoren für Gliedsätze einrahmen und den Schluss des Gliedsatzes mit einer Klammer versehen und Hauptsatzkonnektoren einkreisen bzw. bei asyndetischen Satzreihen einen Kreis über das Komma setzen. Denken Sie daran, dass ein angehängtes -que *zwei Sätze, aber auch zwei gleiche Satzteile verknüpfen kann; gewöhnen Sie sich an, von* -que *aus einen Pfeil vor das Wort zu setzen, an das der Konnektor angehängt ist, und dann (in Gedanken)* et *einzusetzen; so können Sie die Bezüge besser verdeutlichen. Einen Konnektor, der zwei oder mehr Satzglieder verbindet, kann man z. B. unterschlängeln, um deutlich zu machen,*

was auf gleicher Stufe steht. Markieren und beschriften Sie auch alle infiniten Verbformen. Besonders wichtig ist das Kennzeichnen von Hyperbata durch Bögen bzw. Pfeile, wenn sie über zwei Verse gehen; dafür muss man die Wortarten und die Deklinationsformen gut kennen. Bei genügend Zeit kann man Vers für Vers die Hyperbata herausschreiben, den Kasus bestimmen und die Bedeutung (z. B. im Nominativ) dazusetzen. So erhält man evtl. schon einen Hinweis auf vorkommende Sachbereiche.
In diesem Zusammenhang soll auf die poetische Wortwahl hingewiesen werden: Bei der Suche nach geeigneten Bedeutungen im Wörterbuch ist oft die metaphorische oder metonymische die richtige; achten Sie auf Angaben mit dem Hinweis auf Dichternamen wie hier Vergil.
Gerne verwendet ein Dichter bei Substantiven den Plural statt Singular – evtl. aus metrischen Gründen, oft aber, um z. B. Fülle o. Ä. auszudrücken; dann handelt es sich um den poetischen Plural, der aber ggf. als Singular zu übersetzen ist.
Versuchen Sie schon beim ersten Durchlesen des gesamten Textes Sachbereiche herauszufinden: Lesen Sie die Hinführung zum Text, werfen Sie einen Blick auf den Kommentar und auf die Interpretationsaufgaben – auf diese Weise erhalten Sie schon eine erste Vorstellung davon, worum es gehen könnte; registrieren Sie die Bedeutung der Substantive im Text, evtl. auch der Verben – es könnte sein, dass Sie bekannte dichterische Motive entdecken.
Noch ein Tipp: Auch ein dichterischer Text wird vor Beginn der Arbeitszeit vom Lehrer vorgelesen. Statt Zeichen für Wortblöcke machen Sie in jedem Vers Betonungszeichen (Akzentzeichen) für den Hexameter; da Sie das Versmaß beherrschen, können Sie dadurch schnell entscheiden, ob eine Endung für ein Nomen lang oder kurz ist – was wiederum für die Grammatik des Satzes und damit für die Übersetzung wichtig ist. *(Anforderungsbereich III)*

Vor Jupiter bezwangen keine Bauern die Felder;
es war nicht einmal Recht/erlaubt, ein Feld zu kennzeichnen oder durch eine Grenze einzuteilen: Man erwarb alles für alle gemeinsam und selbst die Erde trug/brachte alles von sich aus, ohne dass einer es forderte.
Jener gab den schwarzen Schlangen das böse Gift
und befahl den Wölfen, Beute zu machen/zu rauben, und dem Meer aufzubrausen, und er nahm den Honig von den Blättern und entfernte das Feuer
und überall ließ er den in Bächen strömenden Wein versiegen,
sodass die Notwendigkeit durch Nachdenken verschiedene Künste allmählich hervorbrachte und in Ackerfurchen den Getreidehalm suchte
und das verborgene Feuer aus den Adern des Feuersteins herausschlug.
Damals spürten die Flüsse zum ersten Mal die ausgehöhlten Erlenstämme,
damals gab der Seemann den Sternen Zahlen und Namen. …
Damals kamen (die) verschiedene(n) Künste/Techniken auf.

Vergil, Georgica 1,125 –137. 145 a

II. Interpretationsaufgaben

1. *Bevor Sie an diese Aufgabe herangehen, werfen Sie noch einmal einen Blick auf die Texthinführung und vergleichen Sie Ihre Übersetzung mit dem Text. Die inhaltliche Zuordnung des Textes zum Mythos der Weltalter ist in der Hinführung gegeben; der letzte Satz weist in Verbindung mit dem Textanfang* ante Iovem *(V. 1) darauf hin, dass es zunächst um das Goldene Zeitalter gehen muss. Die weitere Gliederung ergibt sich aus der Analyse verschiedener inhaltlicher und formaler Kriterien. Dazu gehören z. B. Satzarten, Namen, Personenwechsel, Tempuswechsel. (Man sollte sich noch einmal die Funktion der Haupttempora vergegenwärtigen: Z. B. beschreibt das lateinische Imperfekt eine Situation, einen Zustand, der andauert, während das narrative Perfekt einen Wechsel bzw. eine Aktion beinhaltet.) Ein wichtiges Kriterium sind auch die Sachbereiche oder Sachfelder: Kommen (wiederholt) Begriffe vor, die zu einem bestimmten thematischen Aspekt gehören (z. B. Ackerbau, Natur)? Hier muss man auf entsprechende Substantive, aber auch Verben achten, wobei die Bedeutung mehrdeutiger Wörter dadurch festgelegt wird, dass sie im Text mit Wörtern aus einem bestimmten Bereich kombiniert werden. Letzteres ist übrigens auch eine wichtige Entscheidungshilfe bei der Suche nach der treffenden Bedeutung für ein Wort aus dem Angebot des Wörterbuchs. Ein weiteres wichtiges Gliederungskriterium sind die Konnektoren, die z. B. einen Handlungsfortschritt, einen Gegensatz oder eine Gemeinsamkeit bezeichnen oder einen Bezug zum vorher Gesagten (Begründung, Folge) herstellen. Denken Sie daran, dass Sie die gefundenen Abschnitte mit thematischen Überschriften versehen und die Aussagen zusammenfassen müssen.*
(Anforderungsbereich I–II)

Der Textausschnitt ist, wie der Hinführung zu entnehmen ist, dem Mythos der vier Weltalter zuzuordnen. Aber anders als z. B. bei Ovid werden hier nur zwei Zeitalter angesprochen, die vergleichbar sind mit dem Goldenen und dem Silbernen Zeitalter.

Der Text lässt sich in drei Sinnabschnitte gliedern, die folgende Verse umfassen: Abschnitt I: Verse 1–4, Abschnitt II: Verse 5–8, Abschnitt III: Verse 9–14. (2 Punkte)

Der 1. Abschnitt kann mit der Überschrift versehen werden: „Das Goldene Zeitalter" oder die „Zeit vor Jupiter" (*ante Iovem*, V. 1). Aus der Texthinführung ist zu erfahren, dass vor Jupiter Saturn herrschte, der Gott des Goldenen Zeitalters. Die Beschreibung dieser Zeit erfolgt mit Prädikaten im Imperfekt, wodurch ein andauernder Zustand angegeben wird (*subigebant,* V. 1; *fas erat,* V. 3; *quaerebant,* V. 3; *ferebat*, V. 4). Ferner wird sie durch Negationen gekennzeichnet, die betonen, was es nicht gab, nämlich keinen Ackerbau (*nulli coloni,* V. 1) und keinen Privatbesitz (*ne signare aut partiri limite campum fas erat,* V. 2 f.). Die Gemeinschaft der Menschen (*in medium quaerebant*, V. 3) und die Freigebigkeit der Erde (*ipsaque tellus omnia liberius ferebat*, V. 3 f.) werden extra angeführt. (5 Punkte)

Der 2. Abschnitt betrifft das Silberne Zeitalter oder die „Zeit unter Jupiter", denn mit *ille* (V. 5), das betont am Anfang steht, ist Jupiter gemeint. Es kommt zu Veränderungen durch sein Eingreifen. Diese Veränderungen sind formal am Tempuswechsel erkennbar: Alle Prädikate stehen im Perfekt (*addidit,* V. 5; *iussit,* V. 6; *decussit,* V. 7; *removit,* V. 7; *repressit,* V. 8) und das Subjekt ist jeweils Jupiter. Dieser verändert die Natur ins Negative: Einerseits wird sie gefährlich, was man an folgenden Zuordnungen sehen kann: *serpentibus → virus* (V. 5), *lupos → praedari* (V. 6), *pontum → moveri* (V. 6); andererseits ist sie nicht mehr freigebig: *mella decussit* (V. 7), *ignem removit* (V. 7), *vina repressit* (V. 8). (6 Punkte)
Der 3. Abschnitt behandelt die Auswirkungen dieser Veränderungen für den Menschen – ausgedrückt durch den konsekutiven *ut*-Satz (V. 9), der aussagt, dass es notwendig *(usus)* wurde, verschiedene Künste (= Techniken oder Fertigkeiten) zu entwickeln *(varias artis)*. Als thematische Überschrift bietet sich entsprechend an: „Die Entstehung von Techniken als Reaktion auf die Veränderungen". Zusammenfassend findet sich dieser Gedanke in dem Schlussvers *variae venere artes* (V. 14) wieder. Die Verse 10–13 beschreiben einige der entstandenen Techniken, zunächst in zwei weiteren *ut*-Sätzen (V. 10 f.), dann mit den synonymen Konnektoren *tunc* – verstärkt durch *primum* (V. 12) – und *tum* (V. 13), das in Vers 14 noch einmal als Anapher aufgegriffen wird. So wird betont, was „damals – zum ersten Mal – entstand".
Im Einzelnen werden von Vergil folgende Techniken angesprochen: der Ackerbau (V. 10), das Feuermachen (V. 11), der Schiffsbau und der Einsatz von Kähnen auf Flüssen (V. 12), schließlich die Seefahrt (V. 13). (7 Punkte)

Hinweis zur Bewertung: Die Hälfte der Punktzahl wird erreicht, wenn drei Abschnitte richtig erkannt und mit inhaltlich passenden Überschriften versehen worden sind. Ferner muss ca. die Hälfte der inhaltlichen und formalen Gliederungskriterien erfasst und angewendet worden sein.

2. a) *Bei dieser Aufgabe ist zwar ein Bezug zu den Ergebnissen der 1. Aufgabe vorhanden (inhaltliche Aspekte), aber in erster Linie geht es hier darum, darzustellen, wie Vergil die Lebensbedingungen in den jeweiligen Zeitaltern kennzeichnet, und zu untersuchen, wie er diese Charakterisierung durch sprachlich-stilistische Elemente unterstreicht.*

(Anforderungsbereich II–III)

Vergil schildert das Goldene Zeitalter als paradiesischen Urzustand, in dem die Menschen eine enge Gemeinschaft bilden (*in medium quaerebant,* V. 3), alles teilen und kein Privateigentum kennen (*ne signare quidem aut partiri limite campum fas erat,* V. 2 f.). Die Verben *signare* und *partiri limite* meinen beide das Kennzeichnen eines Grundstücks als Privatbesitz und verstärken als **Synonyme** diesen Aspekt. Nicht nur das Verhältnis der Menschen untereinander ist gut, auch das gegenseitige Verhältnis Mensch – Natur ist freundlich: Die Erde liefert ihnen alles, was sie benötigen: Die Freigebigkeit der Natur zeigt sich in der besonderen **Wortwahl** der Aussage *tellus omnia liberius ferebat* (V. 3 f.). Dass die Menschen die Natur nicht ausnutzen müssen, wird betont mit *nullo poscente* (V. 4) und *nulli subigebant arva coloni* (V. 1). Die **Wortwahl** hebt hervor, dass vonseiten der Menschen keinerlei Zwang auf die Natur ausgeübt wird. (5 Punkte)

Das Silberne Zeitalter ist durch den „Verlust des Paradieses" gekennzeichnet: Die Natur wird menschenfeindlich; einerseits wird sie bedrohlich, andererseits ist sie nicht mehr freigebig. Die Bedrohlichkeit wird in Vers 5 durch den **Pleonasmus** in der Wortwahl ausgedrückt *(malum virus)* sowie durch die **Alliteration** *addidit atris*. Eventuell verbindet man auch mit schwarzen Schlangen eine besondere Gefahr – hier betont durch das **Hyperbaton** von *serpentibus* zu *atris* und die **Schlussstellung** des Attributs. In Vers 6 wird die Gefährlichkeit der Natur durch den **Chiasmus** hervorgehoben *(praedari lupos – pontum moveri)*.

In den Versen 7 f. wird gesagt, dass die Gaben des Goldenen Zeitalters den Menschen durch Jupiter genommen worden sind. Das, was vorher in Fülle geboten wurde, ist jetzt gar nicht mehr vorhanden. Die vorherige Fülle wird durch den **poetischen Plural** bei *mella* (V. 7) und *vina* (V. 8) ausgedrückt, wobei die Fülle des Weins noch durch die **Metapher** *rivis currentia* verstärkt wird. (Hinweis: Man könnte *passim* als Adverb auf *currentia* statt auf *repressit* beziehen; dann würde die Fülle noch mehr betont.) Die einzelnen einschneidenden Veränderungen durch Aktionen Jupiters werden durch das **Polysyndeton** in den Sätzen von Vers 5 bis Vers 8 (dreimal *-que*, einmal *et*) zusätzlich hervorgehoben. (9 Punkte)

Hinweis zur Bewertung: Die Hälfte der Punktzahl wird erreicht, wenn die Charakteristika beider Zeitalter in Grundzügen deutlich gemacht und an fünf sprachlich-stilistischen Elementen festgemacht worden sind.

b) *Schreiben Sie die Verse 7 f. ab und tragen Sie lange bzw. kurze Silben mit den entsprechenden Zeichen sowie die Zäsuren ein. Trennen Sie die einzelnen Metren (Daktylen bzw. Spondeen) ab. Die im Folgenden verwendeten Abkürzungen für die Zäsuren sind:*
HH = Hephthemimeres (Zäsur nach der 4. Hebung),
PH = Penthemimeres (Zäsur nach der 3. Hebung),
TH = Trithemimeres (Zäsur nach der 2. Hebung).

(Anforderungsbereich II)

PH HH
∇ ∇
– ◡ ◡ | – – | – ◡ ◡ | – – | – ◡ ◡ | – x
mellaque decussit foliis ignemque removit,

TH PH

∇ ∇

– – |– –|– –|– ◡◡| – ◡ ◡| – x

et passim rivis currentia vina repressit, (4 Punkte)

Hinweis zur Bewertung: Die Hälfte der Punktzahl wird erreicht, wenn Längen und Kürzen der Silben richtig eingetragen und die Metren deutlich gemacht worden sind.

3. *Erläutern Sie zunächst, welche Vorstellung Vergil jeweils vermittelt, und bewerten Sie dann beide Auffassungen aus Ihrer Sicht.*
(Anforderungsbereich II–III)

In den Versen 1–4 wird das Bild des Menschen im Goldenen Zeitalter vermittelt. Der Mensch muss nicht arbeiten, da ihm alles geschenkt wird. Entsprechend sieht er auch keinen Grund, etwas zu ändern, z. B. sich Privatbesitz zu beschaffen. So führt er in Eintracht mit Mensch und Umwelt ein angenehmes und zufriedenes Leben, das durch nichts gestört wird. (2 Punkte)

In den Versen 9–14 entwirft Vergil die Vorstellung von einem Menschen, der sich an veränderte Bedingungen anpassen muss und dessen Geist dadurch gefordert wird. Was zunächst als notwendige Reaktion auf eine Herausforderung anzusehen ist (V. 9–11), zeigt sich in den Versen 12–14 als Entwicklungsfortschritt: Techniken, die dem Menschen nützlich sind, werden erfunden. (2 Punkte)

Dieses Bild, das Vergil in den Vordergrund rückt und auch wohl positiver bewertet, entspricht eher unserer Vorstellung vom Leben des Menschen. Ein Leben wie im Goldenen Zeitalter bedeutet Stillstand, keine Weiterentwicklung, da der Anstoß von außen fehlt. Ein solches Leben widerspricht dem Wesen des Menschen, der ja nicht nur vom Körper, sondern auch bzw. besonders vom Geist bestimmt ist. Der Mensch möchte etwas leisten und in diesem Zusammenhang auch etwas Neues entwickeln – das entspricht seinem Forscherdrang. Somit bedeutet die Erfindung von Fertigkeiten, wie sie im Silbernen Zeitalter einsetzt und dann fortgeführt wird, einen Fortschritt: zivilisatorische Entwicklung bzw. Kulturaufstieg. (4 Punkte)

Die unaufhörliche Weiterentwicklung der Technik, die dem Nutzen des Menschen dienen soll, kann aber auch zu Nachteilen oder Gefahren beitragen, wie man in der heutigen Zeit erleben kann: z. B. innere Vereinsamung des Menschen angesichts (oder trotz) zunehmender technischer Kommunikationsgegebenheiten oder neue Formen von Delikten via Internet. Der Mensch muss sich also auch einer moralischen Verantwortung bei der Weiterentwicklung von Techniken und deren Nutzung stellen. Die Frage bleibt: „Ist alles erlaubt, was möglich ist?“ (2 Punkte)

Hinweis zur Bewertung: Die Hälfte der Punktzahl wird erreicht, wenn die unterschiedlichen Menschenbilder jeweils an 1 Aspekt deutlich gemacht und bewertet worden sind. Ferner muss der Entwicklungsfortschritt deutlich als dem Menschen gemäß hervorgehoben werden. Die eigene Stellungnahme sollte mindestens 1 Aspekt andeuten.

Klausuren Latein
Übungsaufgabe 4: Vergil II

Text

Die Trojaner geraten durch Junos Wirken in einen furchtbaren Seesturm, der an ihrer Flotte einen großen Schaden anrichtet, bis Neptun für ein Ende der Naturgewalten sorgt. Daraufhin können sie mit sieben Schiffen in einer Bucht an der Küste Libyens landen. Hier können die Geretteten zunächst einmal aufatmen. Trotz ihrer Erschöpfung beginnen sie, Getreide für das Essen zu mahlen, während Aeneas auf eine Anhöhe steigt, um nach den verlorenen Schiffen und den vermissten Menschen Ausschau zu halten.
Dabei entdeckt er ein Hirschrudel am Strand, folgt ihm und erlegt sieben Tiere, eins für jedes Schiff; dann verteilt er die Beute an die Gefährten. Auch Wein, den er in Sizilien als Geschenk vom König von Segesta erhalten hat, verteilt er an sie und … (siehe Text!)

… et dictis maerentia pectora mulcet:
„O socii – neque enim ignari sumus ante malorum –
o passi graviora, dabit deus his quoque finem.
Vos et Scyllaeam rabiem penitusque sonantis
accestis scopulos, vos et Cyclopia saxa
experti: revocate animos maestumque timorem
mittite; forsan et haec olim meminisse iuvabit.
Per varios casus, per tot discrimina rerum
tendimus in Latium, sedes ubi fata quietas
ostendunt; illic fas regna resurgere Troiae.
Durate et vosmet rebus servate secundis."
Talia voce refert curisque ingentibus aeger
spem vultu simulat, premit altum corde dolorem.
Illi se praedae accingunt dapibusque futuris … *(90 Wörter)*

Übersetzungshilfen

V. 2 neque (= non) ignarum esse *(m. Gen.): etwas* erfahren haben
ante *(Adv.):* schon früher
V. 3 o passi: o ihr, die ihr ertragen habt
V. 4 et: sogar
Scyllaeus, -a, -um: *Adj. zu* Scylla, -ae *(Meeresungeheuer = gefährliche Klippe an der Straße von Messina, gegenüber dem Strudel der Charybdis, eines weiteren Meeresungeheuers)*
penitus *(Adv.):* aus dem Innern
V. 5 accestis = accessistis
scopulus, -i: Klippe *(der Charybdis; s. o.)*
et: auch
Cyclopia saxa: die Kyklopenfelsen *(die Kyklopen waren gewalttätige Riesen mit nur einem Auge auf der Stirn und lebten auf Sizilien)*
V. 6 experti: *ergänzen Sie* estis (experiri *im Perfekt:* aus Erfahrung kennen)
V. 7 et: auch
iuvat: es macht Freude

V. 8 casus, -us, m.: *hier:* Schicksalsschlag
discrimen rerum: Gefahr
V. 10 fas: *ergänzen Sie* est
V. 11 durare: ausharren/aushalten
-met: *verstärkendes Suffix bei Pronomina*
V. 12 voce referre: sprechen
V. 13 premere: *hier:* verbergen
altum corde: *prädikativ gebraucht:* tief im Herzen
V. 14 se accingere (*m. Dat.*)*:* sich kümmern *um etwas*/sich *an etwas* machen
praeda, -ae: Jagdbeute
daps, dapis, f.: Speise

Aufgabenstellung

I. Übersetzen Sie den lateinischen Text ins Deutsche.

II. Bearbeiten Sie folgende Interpretationsaufgaben:

1. Analysieren Sie den ersten Teil der Rede des Aeneas (V. 2–7) und zeigen Sie, wie Vergil die Redeabsicht durch Verwendung sprachlich-stilistischer Mittel unterstreicht. (16 Punkte)

2. Deuten Sie den zweiten Teil der Rede (V. 8–11) vor dem Hintergrund der Romidee und berücksichtigen Sie in diesem Zusammenhang die Besonderheit von Wortwahl und Wortstellung. (14 Punkte)

3. Untersuchen Sie anhand ausgewählter lateinischer Begriffe aus den Versen 12–13, wie Vergil Aeneas' seelische Verfassung kennzeichnet, und erläutern Sie, inwiefern er ihm auch hier *pietas* zuspricht. (12 Punkte)

Lösungsvorschläge

I. Übersetzung

Denken Sie bei der Texterschließung an die Besonderheiten der Dichtung wie häufige Hyperbata, Enjambement, nachgestellte Gliedsatzkonnektoren, Neutrum Plural bei Pronomina, substantivierte Adjektiven und Partizipien, die Endung -is statt -es für Akk. Pl. der 3. Deklination, Verwendung des poetischen Plurals, dichterische Wortwahl. Auch wenn in den Übersetzungshilfen zahlreiche Angaben vorliegen, werden Sie doch noch einige Vokabeln im Wörterbuch nachschlagen müssen. Achten Sie dann auf Stellenangaben mit dem Hinweis „metaphorisch" oder „metonymisch" und evtl. mit der Autorensigle für Vergil.
Kennzeichnen Sie bei der grammatischen Textanalyse die Satzgrenzen und gliedern Sie die Sätze so, wie Sie es von Prosatexten her gewohnt sind; ändern Sie, wenn nötig, die Wortstellung durch entsprechende Pfeile oder schreiben Sie einen Satz in Prosaform in der üblichen Wortstellung auf. So erleichtern Sie sich die Übersetzungsarbeit. *(Anforderungsbereich III)*

… und mit Worten streichelt/beschwichtigt er die trauernden Herzen:
„O Gefährten – wir haben nämlich schon früher Leid erfahren –
o ihr, die ihr (schon) Schwereres ertragen habt, ein Gott wird auch diesem (Leid) ein Ende setzen.
Ihr seid sogar der Wut der Scylla und den tief unten tönenden Klippen nahegekommen,
auch kennt ihr die Kyklopenfelsen aus (eigener) Erfahrung:
Fasst wieder Mut und lasst eure traurige Angst fahren/gebt … auf;
vielleicht wird es auch Freude machen, sich an dieses/daran einst zu erinnern.
Durch wechselnde Schicksalsschläge, durch so viele Gefahren
streben wir nach Latium, wo das Schicksal uns einen ruhigen Wohnsitz in Aussicht stellt; es ist göttliches Recht/göttliche Bestimmung, dass dort die Herrschaft Trojas wieder aufersteht.
Harrt aus und erhaltet euch für das Glück/für glückliche Zeiten unversehrt."
Solche Worte spricht er und krank vor ungeheuren Sorgen
täuscht er Hoffnung in seiner Miene/in seinem Blick vor und verbirgt seinen Schmerz tief im Herzen.
Jene kümmern sich um/machen sich an die Jagdbeute und die künftigen Speisen …

Vergil, Aeneis 1,197 b–210

II. Interpretationsaufgaben

1. *Machen Sie deutlich, was Aeneas mit seiner Rede beabsichtigt und wie er seinen Gefährten gegenüber argumentiert. Untersuchen Sie in diesem Zusammenhang, wie die Rede (im ersten Teil) aufgebaut ist und welche sprachlich-stilistischen Mittel die Worte unterstützen.* *(Anforderungsbereich II–III)*

Aeneas will die Trojaner, die sich nach dem Seesturm nur unter schweren Verlusten retten konnten, aufrichten und ihnen neuen Mut machen. Dazu stellt er sich mit ihnen auf eine Stufe: Er ist genauso betroffen wie sie, aber er macht ihnen deutlich, dass er nicht aufgibt. An dieser Zuversicht sollen sie teilhaben. (3 Punkte)

So wendet er sich in den Versen 2 f. an seine Gefährten mit dem Ausruf *o* (**Anapher**) und jeweils einem **Vokativ**. Mit der Anrede *socii* und der folgenden Begründung mit einem **Prädikat in der 1. Person Plural** (*neque enim ignari sumus,* V. 2) betont er die Gemeinschaft zwischen sich und den Trojanern. Er erinnert sie an gemeinsam erfahrene Leiden und stellt ein Ende der Übel in Aussicht, erkennbar an dem **Gebrauch des Futurs** (*dabit ... his ... finem,* V. 3), wobei er in ihnen Zuversicht wecken will, indem er auf eine höhere Instanz verweist (*dabit deus,* V. 3 – mit zusätzlicher Betonung durch eine **Alliteration**). Das **Adverb** *quoque* soll die Trojaner daran erinnern, dass auch bisher ihnen immer wieder göttliche Hilfe zuteilgeworden ist. Ebenso sollen sie sich vergegenwärtigen, dass sie schon mit anderen Schwierigkeiten fertig geworden sind – das wird deutlich in dem **Vokativ** *passi graviora* (V. 3). Entsprechend werden sie auch dieses Geschick meistern. (6 Punkte)

In den Versen 4–6 a bringt er ihnen einzelne überstandene Gefahren in Erinnerung, die er namentlich erwähnt. Um zu betonen, dass sie es waren, die alles gemeistert haben, verwendet er **das betonte Subjekt** *vos* mit folgendem *et* im Sinne von „sogar“ bzw. „auch“ in den Versen 4 und 5 (**Anapher**). (2 Punkte)

Die Folgerung, die Aeneas daraus zieht, besteht in den Aufforderungen an seine Zuhörer, wieder Mut zu fassen und ihre Angst aufzugeben (*revocate animos maestumque timorem mittite,* V. 6 b–7 a), wobei die **Imperative** an den betonten Außenstellen stehen (**Chiasmus**). Das Adjektiv *maestum,* das eigentlich das seelische Befinden der Menschen bezeichnet, wird durch den grammatischen Bezug auf *timorem* (**Enallage**) zusätzlich betont. Nicht nur ihre Angst, auch ihre Trauer sollen sie aufgeben. Der erste Teil der Rede endet mit einer Äußerung, die wie in Vers 3 Zuversicht vermitteln soll: Das Prädikat *iuvabit* (V. 7) steht im **Futur** und in Verbindung mit der Infinitivkonstruktion *haec olim meminisse* deutet Aeneas seine Überzeugung an, dass sie die Schwierigkeiten bewältigen werden. (5 Punkte)

Hinweis zur Bewertung: Die Hälfte der Punktzahl wird erreicht, wenn die Redeabsicht in Ansätzen deutlich gemacht worden ist und die Verse 2–7 im Wesentlichen in ihrem Argumentationszusammenhang analysiert worden sind. Mindestens sechs sprachlich-stilistische Auffälligkeiten sollten nachgewiesen und im Textzusammenhang gedeutet worden sein.

2. *Der zweite Teil der Aeneas-Rede soll mit der Romidee verknüpft werden, die in der* Aeneis *eine grundlegende Rolle spielt. Die Vorstellung, dass die Trojaner nach dem Willen der Götter eine neue Heimat in Italien finden und durch die Verbindung mit den Latinern die Stammväter des auserwählten Volkes*

der Römer werden sollen, ist Ihnen sicher schon von Beginn der Vergil-Lektüre an ein Begriff. Auch in Sekundärinformationen zu Vergils Aeneis *und sogar in Lehrbuchtexten über die Irrfahrten des Aeneas wird dieser Aspekt erwähnt. Somit sind Sie sicher in der Lage, diese Aufgabe zu bearbeiten. Erläutern Sie entsprechend die Textaussagen und denken Sie daran, die besondere Wortwahl sowie die Wortstellung in diesem Zusammenhang zu berücksichtigen.* *(Anforderungsbereich II–III)*

In den Versen 8–11, die den zweiten Teil der Rede darstellen, wird die Romidee im Sinne einer göttlichen Bestimmung an mehreren Stellen deutlich. So erinnert Aeneas seine Gefährten an den Ort, den die Götter (bzw. Jupiter) für die Trojaner als neue Heimat ausersehen haben. Das Ziel, das sie anstreben sollen, wird **mit Namen** in betonter **Schlussstellung** angeführt; es ist Latium, die Gegend, in der später Rom gegründet wird (*tendimus in Latium,* V. 9). Um dieses Ziel zu erreichen, müssen sie Gefahren wie die bisher überstandenen auf sich nehmen. Diese Gefahren werden in **Variation** mit den Begriffen *per casus* und *per discrimina rerum* (V. 8), jeweils **verstärkt durch die Attribute** *varios* und *tot,* bezeichnet. (4 Punkte)
Sie stehen im Gegensatz zu dem, was sie in Latium erwarten wird: Ruhige Wohnsitze (*sedes quietas,* V. 9) – durch **Hyperbaton** und **Stellung am Versende** wird das **Attribut** *quietas* besonders betont – sind für sie vom Schicksal vorgesehen. Das Schicksal, mit dem Begriff *fata* als Götterspruch bzw. Wille der Götter **definiert**, wird hier **personifiziert**: *fata ostendunt* (V. 9 f.). Ganz deutlich wird im letzten Satz von V. 10 die Romidee angesprochen, wo es heißt, es sei göttliches Recht, göttliche Bestimmung – **definiert** mit dem Begriff *fas* –, dass in Latium *(illic)* die Herrschaft Trojas neu erstehen solle: *regna resurgere Troiae.* Auch hier ist die Wortstellung auffällig: *Troiae* wird durch **Hyperbaton** und **Stellung am Vers- und Satzende** hervorgehoben. Indirekt wird hier auf die künftige Bestimmung Roms hingewiesen, das über andere Völker regieren wird. (6 Punkte)
Nachdem er seinen Gefährten das von den Göttern verheißene Ziel und ihre künftige Bestimmung deutlich vor Augen geführt hat, folgt in Vers 11 die **Aufforderung**, durchzuhalten *(durate)* und ihren Lebenswillen mit der Aussicht auf das Glück, das sie erwartet, beizubehalten *(vosmet rebus servate secundis).* Die **Verstärkung** des Pronomens durch das Suffix *-met* und die doppelte Betonung von *secundis* durch **Hyperbaton** und **Stellung am Vers- und Satzende** heben den letzten Aspekt besonders hervor. (4 Punkte)

Hinweis zur Bewertung: Die Hälfte der Punktzahl wird erreicht, wenn die Vorstellung der Romidee in wesentlichen Aspekten verdeutlicht und an zwei charakteristischen Aussagen im Textzusammenhang festgemacht worden ist. Die besondere Wortwahl sollte mindestens an vier Stellen und die besondere Wortstellung an zwei Stellen erkannt und gedeutet worden sein.

3. *Wie die Romidee sollte Ihnen auch die* pietas, *die Aeneas zugeschrieben wird, ein Begriff sein. Gemeint ist die rechte Haltung gegenüber Göttern und Menschen, die Aeneas zu verwirklichen versucht: in dem Bemühen, den Auftrag der Götter zu erfüllen, und in seiner Sorge um die ihm anvertrauten Menschen. Machen Sie zunächst an charakteristischen Begriffen seine momentane seelische Verfassung fest und stellen Sie dann einen Bezug zu seiner* pietas *her.* *(Anforderungsbereich II–III)*

Aeneas macht gegenüber seinen Gefährten nach außen hin einen zuversichtlichen Eindruck. Er vermittelt Gewissheit und Hoffnung. Das zeigt sich an den Aussagen, die jeweils in der ersten Hälfte der Verse stehen (*talia voce refert,* V. 12; *spem vultu simulat,* V. 13) und parallel aufgebaut sind; der Inhalt seiner Rede und die Art zu sprechen vermitteln den Zuhörern Sicherheit, sein Gesichtsausdruck zeigt ihnen, dass er selbst Hoffnung hat, und diese Hoffnung will er an sie weitergeben. (3 Punkte)
Aber diese Haltung ist nur nach außen hin vorgetäuscht *(vultu simulat),* in Wirklichkeit hat er wohl Zweifel, ob er den Auftrag, den Jupiter ihm erteilt hat, angesichts der von Trauer erfassten Menschen erfüllen kann; diese Sorge belastet ihn so, dass er sich innerlich krank fühlt (*curisque ingentibus aeger,* V. 12). Andererseits ist seine Stärke, dass er sich seine seelische Verfassung nicht anmerken lässt: *premit altum corde dolorem* (V. 13). Wie viel Kraft dazu erforderlich ist, zeigt der Ausdruck *premit.* Auch der Aufbau des Verses 13 gibt sein Bemühen wieder und betont den Gegensatz zwischen äußerer Haltung und innerer Verfassung; der Aufbau der beiden Aussagen ist chiastisch: ***spem*** *vultu simulat – premit altum corde* ***dolorem***. (6 Punkte)
Durch die Art, wie Vergil Aeneas hier charakterisiert, verdeutlicht er dem Leser, dass jener auch in der schwierigen Situation, in der er sich jetzt befindet, *pietas* zeigt. Er hat Verantwortung für seine Gefährten und damit diese nicht verzweifeln, stellt er seine eigenen Gefühle zurück. So nimmt er seine Rolle als Führer der Gruppe wahr, sicher auch in der Gewissheit, dass der Lebensmut der ihm anvertrauten Menschen eine wichtige Voraussetzung für das Gelingen seiner Mission ist. (3 Punkte)

Hinweis zur Bewertung: Die Hälfte der Punktzahl wird erreicht, wenn der Gegensatz zwischen äußerem Auftreten und innerer Haltung bei Aeneas anhand von zwei charakteristischen Textstellen deutlich gemacht worden ist. Auch sollte die hier gezeigte *pietas* des Aeneas kurz angesprochen worden sein.

Klausuren Latein
Übungsaufgabe 5: Vergil III

Text

Im letzten Buch der Aeneis *wird der Zweikampf zwischen Aeneas und Turnus, dem Fürsten der Rutuler – wie die Latiner ein Volk in Latium – geschildert. Nach dem Sieg des Aeneas, mit dem König Latinus bzw. die Latiner zuvor nach vorangegangenen militärischen Auseinandersetzungen ein Freundschaftsbündnis geschlossen haben, können sich die Trojaner endgültig in Latium niederlassen. Aeneas gründet die Stadt Lavinium, die er nach seiner Frau Lavinia, der Tochter des Latinus, um die seinerzeit auch Turnus geworben hat, benennt. Vorher war festgelegt worden, dass im Falle eines Sieges des Aeneas Trojaner und Latiner (= Italer/Italiker) gleichberechtigt sein sollten: Latinus solle seine Macht und Königswürde behalten, Aeneas solle für den sakralen Bereich zuständig sein und die Götter der Trojaner und deren Verehrung in Italien ansiedeln. Damit hat Aeneas die Grundvoraussetzung für die Gründung eines neuen Vaterlandes erfüllt, denn er hat die Penaten, die heimatlichen Götter, die er aus Troja gerettet und auf seiner Flucht mitgenommen hat, in der neuen Stadt heimisch gemacht. Bis es so weit ist, muss es aber noch zu einer Einigung auf der Götterebene kommen. Denn die „unversöhnliche" Juno steht auf der Seite des Turnus, aber sie lässt sich von Jupiter unter bestimmten Bedingungen dazu bewegen, von einer weiteren Verfolgung des Aeneas bzw. der Trojaner abzusehen.*
Aus der Rede der Juno an Jupiter:

„Cum iam conubiis pacem felicibus – esto –
component, cum iam leges et foedera iungent,
ne vetus indigenas nomen mutare Latinos
neu Troas fieri iubeas Teucrosque vocari
aut vocem mutare viros aut vertere vestem.
Sit Latium, sint Albani per saecula reges,
sit Romana potens Itala virtute propago."

Ihr zulächelnd antwortet der Schöpfer der Menschen und der Welt:

„Do, quod vis, et me victusque volensque remitto.
Sermonem Ausonii patrium moresque tenebunt,
utque est, nomen erit; commixti corpore tantum
subsident Teucri. Morem ritusque sacrorum
adiciam faciamque omnis uno ore Latinos.
Hinc genus Ausonio mixtum quod sanguine surget,
supra homines, supra ire deos pietate videbis,
nec gens ulla tuos aeque celebrabit honores." *(97 Wörter)*

Übersetzungshilfen

V. 1 f.	cum iam: wenn schon *(konzessiv)*
V. 1	esto: so soll es nun sein
V. 1 f.	pacem componere: den Frieden besiegeln
V. 2	component, iungent: *gemeint sind Latiner und Trojaner*
V. 3 f.	ne iubeas: *verneinter Optativ*
V. 4	neu (iubeas): und nicht *(Fortsetzung des Optativs)* *ergänzen Sie* eos (= indigenas Latinos) Troas *(Akk. Pl.)*: Troer (= Trojaner)*;* Teucri, -orum: Teukrer (= Trojaner)
V. 5	vox = lingua vertere: ändern *(Die Trojaner trugen z. B. keine Toga wie die Römer, sondern phrygische – kleinasiatische – Kleidung, wie eine Tunika mit langen Ärmeln.)*
V. 6	sit/sint = maneat/maneant *(Optativ)* Albanus, -a, -um: albanisch *(nach der Stadt Alba Longa, die Ascanius, der Sohn des Aeneas, gegründet hat)*
V. 7	sit potens: *Optativ* propago, -inis, f.: Stamm/Volk *(zu* Romana*)*
V. 8	se remittere: sich fügen/nachgeben
V. 9	Ausonii, -orum: Ausonier (= Italiker)
V. 10	*Wortstellung:* et nomen erit, ut (nunc) est commixti corpore tantum: nur körperlich/blutmäßig verbunden
V. 11	morem ritusque sacrorum: *gemeint sind die Opferbräuche der Trojaner!*
V. 12	omnis = omnes uno ore = uno sermone
V. 13 f.	*Wortstellung:* (Id) genus, quod … mixtum hinc surget, supra ire (= superare) pietate homines, (superare) deos videbis

Aufgabenstellung

I. Übersetzen Sie den lateinischen Text ins Deutsche.

II. Bearbeiten Sie folgende Interpretationsaufgaben:

1. Analysieren Sie die Rede der Göttin Juno und zeigen Sie, wie Vergil ihren Worten durch Verwendung sprachlich-stilistischer Mittel Nachdruck verleiht.
(22 Punkte)

2. Stellen Sie anhand von Vers 8 dar, welche Rolle Jupiter hier zugewiesen wird. Berücksichtigen Sie dabei inhaltliche und sprachliche Merkmale.
(6 Punkte)

3. Erläutern Sie die Bedeutung der *pietas*, die in den Versen 13–15 anklingt.
(8 Punkte)

Lösungsvorschläge

I. Übersetzung

Durch die ausführliche Vorinformation, die dem Text beigegeben ist, werden Ihre Kenntnisse der Troja-Sage und der Geschichte des Aeneas aufgefrischt. Sie wissen aber auch aus Sachinformationen und aus der Lektüre der Aeneis, *dass die Trojaner mit ihrer Ankunft in Italien bzw. Latium noch nicht am Ziel ihres Unternehmens angelangt sind, sondern noch einige Schwierigkeiten zu bewältigen haben. Ferner wissen Sie, dass die Götter eine wichtige Rolle spielen: Jupiter hat Aeneas und seinen Gefährten eine neue Heimat in Italien versprochen, die Göttin Venus hat während des Trojanischen Krieges und der darauffolgenden Flucht des Aeneas ihren Sohn bzw. die Trojaner unterstützt, während die Göttin Juno aufseiten der Griechen gestanden und später die Trojaner mit ihrem Hass verfolgt hat. Sie erinnern sich an das Paris-Urteil, aus dem Venus als Siegerin hervorgegangen war? Lesen Sie die Vorinformation und die Übersetzungshilfen bezüglich der zahlreichen Eigennamen aufmerksam durch und markieren Sie diese farbig, wobei Sie Trojaner und Latiner unterscheiden sollten; es dürfte Ihnen auffallen, dass es für beide Gruppen jeweils mehrere Bezeichnungen gibt; eine dritte Farbe reservieren Sie für die weiteren Namen; anschließend sollten Sie das Gleiche im Text machen. So erreichen Sie einen ersten Überblick. Der Text zerfällt in zwei Abschnitte: die Rede Junos und die Rede Jupiters. Entsprechend dem jeweiligen Anliegen erscheint die Form der Prädikate: Juno äußert Wünsche, wie Sie schon in den Übersetzungshilfen durch den Hinweis auf den Optativ erkennen, Jupiter erfüllt ihre Wünsche und spricht sie an (vgl. die 1. P. und 2. P. Sg. im V. 9); das, was er ihr gewährt, wird als Prophezeiung im Futur gegeben.*

(Anforderungsbereich III)

„Wenn sie schon durch glückliche Heirat *(poet. Plural)* – so soll es nun sein – den Frieden besiegeln und wenn sie schon Gesetze und Bündnisse vereinigen,
mögest du nicht befehlen/befiehl doch nicht, dass die latinischen Einheimischen ihren alten/angestammten Namen wechseln sollen, und nicht, dass sie Troer werden und Teukrer genannt werden sollen
oder dass die Männer die Sprache wechseln oder ihre Kleidung ändern.
Bleiben möge Latium, bleiben mögen durch Jahrhunderte hindurch albanische Könige,
mächtig sei der römische Stamm durch italische Stärke *(virtus)*." […]
„Ich gewähre dir, was du willst, und ich füge mich sowohl besiegt als auch willig/gerne.
Die Ausonier/Italiker werden ihre heimische Sprache und ihre Sitten behalten und der Name wird sein/bleiben,
wie er jetzt ist; nur blutmäßig verbunden
werden die Teukrer sich niederlassen/ansiedeln. Die Art und die Bräuche der/ihrer Opfer
werde ich hinzufügen und ich werde alle zu Latinern mit einer Sprache machen.

Dieses Volk (dieser Stamm), das (der) – vermischt mit ausonischem Blut – hier heranwachsen wird,
wirst du die Menschen, die Götter an Frömmigkeit übertreffen sehen (*wörtl.:* Du wirst sehen, dass dieses Volk ... übertrifft)
und kein Volk wird gleichermaßen deine Ehren preisen/dich verherrlichen."

Vergil, Aeneis 12, 821–840 (mit Auslassungen)

II. Interpretationsaufgaben

1. *Erarbeiten Sie Inhalt und Absicht der Rede – hierzu bieten die Übersetzungshilfen schon einen Anhaltspunkt – und setzen Sie sprachlich-stilistische Merkmale dazu in Bezug.* *(Anforderungsbereich II–III)*

Die Rede der Göttin Juno umfasst die Verse 1–7. In den Versen 1 f. macht Juno gegenüber Jupiter deutlich, dass sie sich schon damit abgefunden hat, dass Trojaner und Latiner ein gemeinsames Volk bilden werden. Dieses Zugeständnis wird formal durch die **Anapher** *cum iam* und durch den Zusatz *esto*, den feierlichen **Imperativ**, deutlich. Ebenso akzeptiert sie die Grundlagen der Vereinigung, nämlich die Friedensbesiegelung durch eine Heirat (gemeint ist die Heirat des Aeneas mit Lavinia) und die gemeinsame gesetzliche Grundlage. Dass diese Voraussetzungen für das Funktionieren der Vereinigung wichtig sind, wird durch das **Enjambement** der Verse 1 f. deutlich (der Teilsatz endet in V. 2), wodurch die Begriffe *pacem* und *component*, die grammatisch zusammengehören, durch einen Spannungsbogen besonders hervorgehoben werden. Das **Hyperbaton** von *conubiis* zu dem Attribut *felicibus*, das dadurch neben *pacem* steht, betont den ersten Schritt zur Friedenssicherung. An letzter und damit betonter Stelle wird die Vereinigung der gesetzlichen Grundlagen genannt, zusätzlich hervorgehoben durch das **Hendiadyoin** *leges et foedera*. Auffällig ist in beiden Versen auch die feierliche c-**Alliteration**. (8 Punkte)
In den Versen 3–7 wird deutlich, dass die Göttin an ihr Einverständnis Forderungen bindet, die sie gegenüber Jupiter als Wünsche oder Bitten äußert. Formal sind sie erkennbar als **Optativ**: *ne/neu iubeas* (V. 3 und 4), *sit/sint* (V. 6 und 7). Inhaltlich bezieht sich ihr Anliegen darauf, dass in dem neu entstehenden Volk die einheimischen Latiner, die auch Italer oder Italiker heißen, und damit das Land Latium gegenüber den zugewanderten Trojanern bzw. Troja ihre Überlegenheit auf kultureller Ebene bewahren sollen. (4 Punkte)
Drei Bereiche werden angesprochen:
Erstens sollen die Latiner ihren Namen behalten und nicht Trojaner heißen – der Vorrang aufgrund der langen Tradition wird durch ein doppeltes **Hyperbaton** betont (*vetus* zu *nomen* und *indigenas* zu *Latinos*, V. 3), sodass die beiden Attribute, die das Alter benennen, nebeneinanderstehen. Die Trojaner, bisher ja von Juno verfolgt, werden neutral mit *Troas/Teucros* (V. 4) bezeichnet, was aber im Vergleich zu Vers 3 auch abwertend klingen könnte. Zweitens soll die Sprache der Latiner beibehalten werden (... *aut vocem mu-*

tare viros, V. 5). Drittens sollen ihre Bräuche (z. B.) in Bezug auf Kleidung bestehen bleiben (*aut vertere vestem*, V. 5). Beide Bereiche hält Juno für gleichwertig, was durch die **Anapher** *aut*, die vierfache v-**Alliteration** und die **chiastische Wortstellung** ***vocem*** *mutare – vertere* ***vestem*** sowie die **synonymen** Infinitive deutlich wird. (6 Punkte)
In den Versen 6 f. wird einerseits das Bestehen Latiums heraufbeschworen – *sit Latium* ... (der Konjunktiv könnte auch als **Iussiv** gedeutet werden!), wobei die Erwähnung der albanischen Könige kein Widerspruch ist, da das vom Sohn des Aeneas gegründete Alba Longa erst nach der Vereinigung beider Völker entstanden ist, – andererseits wird das neue Volk zwar mit einem neuen Namen bezeichnet (*Romana propago*, V. 7), aber gleichzeitig wird betont, dass seine Macht auf der bewährten Tüchtigkeit der Italer = Latiner beruhen solle (*potens Itala virtute*, V. 7). (4 Punkte)

Hinweis zur Bewertung: Die Hälfte der Punktzahl wird erreicht, wenn in der Rede die unterschiedlichen Teile „Zugeständnis und Bitten / Forderungen“ erkannt und differenziert dargestellt worden sind. Auch sollten die drei Bereiche „Name, Sprache, Kultur“ unterschieden und vom Text her belegt worden sein. Mindestens sechs sprachlich-stilistische Merkmale müssen erkannt und im Zusammenhang gedeutet worden sein.

2. *Es ist leicht zu erkennen, dass Vers 8 eine Überleitung von der Rede Junos zu der Rede Jupiters darstellt. Machen Sie diesen Aspekt deutlich, berücksichtigen Sie aber auch die Rolle Jupiters im Sinne der Aufgabenstellung.*
(Anforderungsbereich I–II)

Mit dem ersten Satz seiner Rede in Vers 8 sagt Jupiter deutlich, dass er die Forderungen Junos erfüllen wird *(do, quod vis);* er fügt sich ihren Wünschen *(me ... remitto),* wobei durch die pointierte Gegenüberstellung mithilfe des Konnektors *-que* und der gleichzeitigen Nebeneinanderstellung der Begriffe *victus* und *volens*, die einander eigentlich ausschließen, deutlich wird, dass er sowohl von ihren Vorstellungen überzeugt worden ist als auch selbst Gleiches beabsichtigt. So kann er Juno schon von vornherein freundlich stimmen, da er ihre Ideen respektiert und sie auf eine Stufe mit seinen Entscheidungen hebt. Das ist ein psychologisch geschickter Schachzug, gegen den Juno selbst nichts mehr setzen könnte. Die dreifache v-Alliteration unterstreicht zusätzlich den Aspekt des gleichen Wollens bei Juno und Jupiter. (6 Punkte)

Hinweis zur Bewertung: Die Hälfte der Punktzahl wird erreicht, wenn deutlich gemacht worden ist, dass Jupiter sich gegenüber Juno wohlwollend erweist und sie respektiert, ohne seine Machtstellung aufzugeben, und dabei geschickt argumentiert. Mindestens zwei Textstellen und eine sprachliche Auffälligkeit sollten an passender Stelle angeführt und gedeutet worden sein.

3. *Die Verse 13 ff. bilden den Schluss der Jupiter-Rede. Machen Sie hier deutlich, welche Perspektiven Jupiter anführt. Der Stellenwert der* pietas *ist dabei besonders zu berücksichtigen.* *(Anforderungsbereich II–III)*

Die Verse 13–15 bilden den Schluss der Rede Jupiters. Die Worte klingen noch stärker als die vorhergehenden Aussagen wie eine Prophezeiung: Alle Prädikate stehen wieder im Futur und Jupiter macht eine feierliche Voraussage über das neue Volk, das „an diesem Ort" – *hinc* (V. 13) meint Latium – aus der Vereinigung von Trojanern und Latinern entstehen wird (*genus, quod Ausonio sanguine mixtum surget,* vgl. V. 13). (3 Punkte)

Die Voraussage umfasst zwei Aspekte, die allerdings gedanklich zusammengehören:

- Dieses Volk wird sich durch besondere Frömmigkeit auszeichnen (*supra ire … pietate,* V. 13); mit *pietas* ist das „pflichtgemäße Verhalten gegenüber Göttern und Menschen" gemeint, das Pflichtgefühl, so wie wir von Pietät sprechen. Wenn Jupiter diese Haltung einem ganzen Volk zuspricht, dann kann es sich nur um ein auserwähltes Volk handeln, dessen Tun, das von der *pietas* bestimmt sein wird, dem Willen der Götter und damit der Bestimmung, dem *fatum*, entspricht und somit zu rechtfertigen ist. (4 Punkte)

  (Zusatz: Schon Aeneas, der Stammvater des römischen Volkes, hat in diesem Sinne gehandelt, als er gemäß dem Willen Jupiters für die Trojaner ein neues Vaterland suchte und dafür seine Liebe zu Dido zurückstellte; entsprechend wurde er *pius Aeneas* genannt.)
- Mit der zweiten Aussage stellt Jupiter der Göttin Juno in Aussicht, dass sie gerade von diesem Volk, das sich durch besondere *pietas* auszeichnet, die höchsten Ehren zu erwarten hat (*nec gens ulla tuos aeque celebrabit honores,* V. 15). (1 Punkt)

  (Zusatz: Auf dem Kapitol wurde im Jupitertempel die „Kapitolinische Trias" verehrt – Juno, Jupiter, Minerva. Diese Tradition wurde auch in den römischen Provinzen beibehalten.)

Hinweis zur Bewertung: Die Hälfte der Punktzahl wird erreicht, wenn die Verse 13 ff. als Voraussage gedeutet worden sind und die Besonderheit des neuen Volkes im Hinblick auf die *pietas* grundlegend herausgestellt worden ist.

Klausuren Latein
Übungsaufgabe 6: Livius I

Text

Der Text entstammt dem Werk Ab urbe condita *des Geschichtsschreibers Livius. Bei der vorliegenden Textstelle handelt es sich um einen Ausschnitt aus der Darstellung der frühen Königszeit, die in den Bereich der Legende gehört. Auf Romulus, den Stadtgründer und ersten römischen König, folgte Numa Pompilius, ein Angehöriger des Volkes der Sabiner, die sich unter Romulus mit den Römern vereint hatten.*
Livius beschreibt folgendermaßen, wie Numa König wurde (sinngemäße Darstellung aus dem Kapitel, das dem Klausurtext vorangeht): Nachdem Numa vom Senat zum König ausersehen worden war, wurde ihm die Königswürde angetragen. Er wurde nach Rom gerufen und ließ Jupiter durch die Veranstaltung eines Auguriums (Vogelschau) befragen, ob dieser mit seiner Ernennung zum König einverstanden sei. Als er die erforderlichen Auspizien (Vorzeichen) erhalten hatte, war er zum König erklärt.

Qui regno ita potitus urbem novam conditam vi et armis iure eam legibusque ac moribus de integro condere parat. Quibus cum inter bella adsuescere videret non posse – quippe efferari militia animos, mitigandum (esse) ferocem populum armorum desuetudine ratus Ianum ad infimum Argiletum indicem pacis bellique fecit, apertus ut in armis esse civitatem, clausus pacatos circa omnes populos significaret. *Bis deinde post Numae regnum clausus fuit, semel T. Manlio consule post Punicum primum perfectum bellum, iterum, quod nostrae aetati di dederunt, ut videremus, post bellum Actiacum ab imperatore Caesare Augusto pace terra marique parta.* Clauso eo cum omnium circa finitimorum societate ac foederibus iunxisset animos, positis externorum periculorum curis, ne luxuriarent otio animi, quos metus hostium disciplinaque militaris continuerat, omnium primum – rem ad multitudinem imperitam et illis saeculis rudem efficacissimam – deorum metum iniciendum (esse) ratus est.

(100 Wörter, ohne die übersetzte Textstelle Z. 6–9)

Übersetzungshilfen

Z. 1 qui: *bezieht sich auf* Numa Pompilius
eam: *greift* urbem novam *auf; entfällt in der Übersetzung*
Z. 2 quibus: *bezieht sich auf* iure, legibus, moribus
Z. 2 f. *Wortstellung:* cum videret animos inter bella quibus adsuescere non posse – quippe militia efferari
Z. 3 quippe: allerdings/und andererseits
efferari: roh werden/verrohen
Z. 4 reri, reor, ratus sum: meinen/glauben
Ianus, -i: Janusbogen *(Heiligtum des Gottes Janus; ein Doppeltor, das in Kriegszeiten offen, im Frieden geschlossen war)*
ad infimum Argiletum: an der untersten Stelle des Argiletum *(Straße nördlich des Forum)*
indicem: *prädikativ gebraucht*
Z. 5 pacatus, -a, -um: friedlich
circa *(Adv.)*: ringsum

Z. 6–9 *Übersetzung des kursiv gesetzten Abschnitts: „Zweimal ist er darauf nach der Regierungszeit Numas geschlossen gewesen, einmal unter dem Konsulat des T. Manlius (237 v. Chr.) nach der Beendigung des 1. Punischen Krieges, ein zweites Mal nach der Schlacht bei Actium, als der Oberbefehlshaber Caesar Augustus den Frieden zu Lande und zu Wasser errungen hatte." (31 v. Chr.: Seesieg Octavians, des späteren Kaisers Augustus, über Antonius und Kleopatra)*

Z. 9–13 *Satzanalyse u. Wortstellung:* clauso eo cum animos omnium finitimorum circa *(vgl. Z. 5)* … iunxisset, (et) positis … curis omnium primum, ne luxuriarent otio animi, quos … continuerat, deorum metum iniciendum (esse) ratus est *(vgl. Z. 4)* – rem … efficacissimam – *(bezieht sich als Apposition auf* deorum metum iniciendum esse)

Z. 11 omnium primum *(Adv.)*: zuallererst/als Erstes von allem *(auf* iniciendum esse *zu beziehen)*

Z. 13 iniciendum: *ergänzen Sie* iis = animis

Aufgabenstellung

I. Übersetzen Sie den lateinischen Text ins Deutsche.

II. Bearbeiten Sie folgende Interpretationsaufgaben:

1. Erläutern Sie anhand von Kernbegriffen des Satzes in den Zeilen 1 f., welche Rolle Livius dem König Numa Pompilius zuweist. (6 Punkte)
2. Weisen Sie nach, dass Livius in den Zeilen 9b–13 Numa hinsichtlich seiner Einschätzung des Volkes als Psychologen charakterisiert, und zeigen Sie, wie er seinen Aussagen durch Verwendung sprachlich-stilistischer Mittel Nachdruck verleiht. (18 Punkte)
3. Erklären Sie den Stellenwert des Abschnittes in den Zeilen 6–9a im Rahmen der Darstellung des Numa Pompilius durch Livius. (5 Punkte)

Lösungsvorschläge

I. Übersetzung

Aus der Hinführung zum Text erfahren Sie nicht nur Autor und Werk, aus dem die Textstelle stammt, sondern auch, dass wir uns hier in der Frühzeit des römischen Staates befinden, der Königszeit. Des Weiteren finden Sie einen Verweis auf die Person, um die es im vorliegenden Text geht, den zweiten römischen König, Numa Pompilius. Dass dieser Mann das Amt, das man ihm angetragen hat, erst antritt, nachdem er die göttliche Zustimmung erhalten hat (wie sich aus der Darstellung des vorangehenden Kapitels ergibt), ist ein wichtiges Charakteristikum seiner Person und kann ausschlaggebend für manche Übersetzungsentscheidung sein! Der Stil des Geschichtsschreibers Livius weist einige Besonderheiten auf, die einem vorläufigen Erfassen des Textes „auf den ersten Blick", also nach ein- oder zweimaligem Durchlesen, im Wege stehen. Zu diesen Besonderheiten gehören lange Satzperioden in Verbindung mit satzwertigen Konstruktionen (Partizipien, nd-Formen, AcI) sowie die häufige Verwendung relativischer Anschlüsse.

Daher ist es besonders wichtig, dass Sie sich den Aufbau eines Satzes nicht nur im Text durch grafische Zeichen oder Abkürzungen für verbale Konstruktionen verdeutlichen, sondern zusätzlich auf einem Extrablatt eine Satzanalyse in der sogenannten Einrückmethode vornehmen, wobei Partizipial- und nd-Konstruktionen auf die Stufe von Gliedsätzen gerückt werden. Übersetzen Sie bei sehr langen Sätzen ein Participium coniunctum am besten durch Beiordnung. Denken Sie daran, dass z. B. AcI-Konstruktionen auch von einem satzwertigen Partizip abhängig sein können. Ein Tipp: Beschriften Sie beim ersten Durchlesen alle infiniten Verbformen, unterstreichen Sie Prädikate und kennzeichnen Sie Teilsatzkonnektoren. *(Anforderungsbereich III)*

Nachdem dieser so die Königsherrschaft erlangt hatte *(Hinweis: Die Bedeutung „sich bemächtigen" passt von der oben genannten Charakterisierung Numas her an dieser Stelle nicht!)*, schickte er sich an *(historisches Präsens)*, die mit Gewalt und Waffen/mit Waffengewalt gegründete neue Stadt auf der Grundlage von Recht, Gesetzen und Sitten/Moral von Neuem zu gründen.
Weil er sah, dass sich die Herzen (der Menschen) inmitten der Kriege nicht daran gewöhnen könnten – und andererseits durch Kriegsdienst verrohen würden, glaubte er, dass das kampflustige Volk durch die Entwöhnung von Waffen besänftigt werden müsse, und baute daher an der untersten Stelle des Argiletum einen Janusbogen als Anzeiger für Krieg und Frieden, damit er durch Öffnung/geöffnet anzeige, dass der Staat im Kriegszustand sei, und durch Schließung/geschlossen, dass ringsum alle Völker friedlich seien.
Zweimal ist er darauf nach der Regierungszeit Numas geschlossen gewesen, einmal unter dem Konsulat des T. Manlius nach der Beendigung des 1. Punischen Krieges, ein zweites Mal nach der Schlacht bei Actium, als der Oberbefehlshaber Caesar Augustus den Frieden zu Lande und zu Wasser errungen hatte.
Als dieser geschlossen worden war, nachdem er alle Nachbarvölker („animos" *nicht übersetzt)* ringsum durch Bündnis und Verträge in Freundschaft vereinigt hatte, und die Sorge *(Sg. statt Pl.)* um Gefahren von außen beigelegt (worden) war, glaubte er, dass zuallererst, damit nicht im Frieden die Herzen/Menschen, die die Angst vor dem Feind und die militärische Disziplin in Schranken gehalten hatte, übermütig wurden, ihnen Furcht/Ehrfurcht vor den Göttern/Gottesfurcht eingeflößt werden müsse – eine Maßnahme, die bei der unerfahrenen und in jenen Jahrhunderten unkundigen Volksmenge sehr wirksam war.

Livius, Ab urbe condita 1,19

II. Interpretationsaufgaben

1. *Achten Sie auf Aussagen, die Numas Tun kennzeichnen, und deren Verknüpfung mit Wertbegriffen. Kenntnisse der römischen Frühgeschichte können von Vorteil sein!* *(Anforderungsbereich II–III)*

   Der zweite König wird wie der erste als Stadtgründer angesehen: *urbem novam ... de integro condere parat* (Z. 1 f.). Die Betonung liegt allerdings auf *de*

integro – „von Neuem", denn die Stadt ist ja schon von Romulus gegründet worden. Diese Gründung ist aber unter anderen Vorzeichen erfolgt, nämlich *vi et armis* (Z. 1) – am Anfang standen der Brudermord, der Raub der Sabinerinnen und der daraus entstehende kriegerische Konflikt sowie spätere militärische Auseinandersetzungen mit den Nachbarvölkern. (3 Punkte)
Der zweite König gründet die Stadt auf der Basis von Recht, Gesetz und Moral: *iure ... legibusque ac moribus* (Z. 1 f.); er gibt damit der neuen Stadt die notwendige ideelle Grundlage, ohne die ein Staatswesen nicht funktionieren kann. Die drei Wertbegriffe stehen auf gleicher Stufe (polysyndetische Verbindung) und in Antithese direkt neben den negativen Begriffen *vi et armis.* (3 Punkte)

Hinweis zur Bewertung: Die Hälfte der Punktzahl wird erreicht, wenn die Rolle Numas als zweiter Stadtgründer im Vergleich zu Romulus anhand der Kernbegriffe deutlich gemacht worden ist.

2. *Gehen Sie wie Numa psychologisch an die Sache heran: Was will er erreichen? Wie verhalten sich Menschen in einer bestimmten Situation? Womit kann man sie ansprechen? Untersuchen Sie in diesem Zusammenhang auch die entsprechende Verwendung sprachlich-stilistischer Mittel.*
(Anforderungsbereich II–III)

Es herrscht Frieden im Staat, man steht mit den Nachbarn in freundschaftlicher Verbindung (*omnium ... finitimorum animos societate ac foederibus iunxisset,* Z. 9 f.), daher ist als äußeres Zeichen der Janusbogen geschlossen (*clauso eo,* Z. 9); man muss also keinerlei Gefahren von außen befürchten (*positis externorum periculorum curis,* Z. 10). Durch Wortstellung und Wortwahl stellt Livius diesen Zustand als etwas Besonderes heraus: Der **Ablativus absolutus** *clauso eo* steht **betont am Anfang**, die Absicherung gegenüber den Nachbarn wird durch das **Hendiadyoin** *societate ac foederibus* (Z. 9) bekräftigt; dass die Nachbarn in einem freundschaftlichen Verhältnis zu dem jungen römischen Staat stehen, zeigt sich durch die **Nebeneinanderstellung** von *iunxisset* und *animos* (Z. 10), wobei *animos* als **Schlussstelle** und **Hyperbaton** zu *finitimorum* eine zusätzliche Betonung erfährt. (6 Punkte)
In diesen von ihm gewünschten und geschaffenen positiven Verhältnissen sieht der – weise – König aber auch eine Gefahr: Bisher wurden die Menschen in ihrem Denken und Bestrebungen von Angst vor dem Feind und kriegerischer Disziplin bestimmt (*metus hostium disciplinaque militaris continuerat,* Z. 11), wobei beide sich die Waage hielten, wie man am **parallelen Aufbau** und der **engen Verbindung** durch *-que* erkennen kann. Nun aber fehlt diese Einschränkung und Numa weiß, dass die Gefühle und Wünsche der Menschen sich jetzt ein anderes „Ventil" suchen: Es besteht die Gefahr des Entartens und Übermütigwerdens – mit dem Begriff *luxuriare* verbindet der Lateiner *luxuria* und *luxus*, die als „Überfluss" und „Ausschweifung" negativ besetzt sind. Die **Nebeneinanderstellung** von *luxuriarent* und *otio* (Z. 10) so-

wie die **betonte Schlussstellung** von *animi* zeigen, dass Friede negative Auswirkungen auf Menschen haben kann, wenn er zu allzu großer Sorglosigkeit und Desinteresse im Sinne von Nichtstun – diese Bedeutung hat *otium* auch – führt. (6 Punkte)
Entsprechend sucht Numa eine Art Kontrollinstanz, die einerseits wegweisend ist und andererseits den Menschen auch einen Halt gibt. Diese Instanz sieht er in der Furcht bzw. Ehrfurcht vor den Göttern: *deorum metum* (Z. 12); das Substantiv *metus* impliziert beide Bedeutungen (entsprechend unserem Begriff „Gottesfurcht"). Davon, dass er das Nahebringen der Gottesfurcht – durch die **Wortwahl** *inicere* („einflößen", Z. 13) als intensives Tun ausgedrückt – im Hinblick auf eine positive Beeinflussung der Menschen für besonders sinnvoll hält, zeugt das Attribut *efficacissimam* (Z. 12) im **Superlativ** und als **Hyperbaton** zu *rem* (Z. 11) an **betonter Schlussstelle** der Parenthese. Die Wirksamkeit zeigt sich besonders bei Menschen, die unerfahren sind: Das **Hendiadyoin** *imperitam et … rudem* als Attribut zu *multitudinem* (Z. 12) hebt diesen Aspekt hervor. Solche Menschen sind leicht ansprechbar, was auch eine Gefahr beinhaltet. Hier allerdings soll herausgestellt werden, dass Numa die psychologisch richtige Entscheidung getroffen hat. (6 Punkte)

Hinweis zur Bewertung: Die Hälfte der Punktzahl wird erreicht, wenn das Denken und Vorgehen Numas in Grundzügen als psychologisch angemessen dargestellt und anhand entsprechender Textstellen belegt wird. Circa die Hälfte der sprachlich-stilistischen Besonderheiten sollte zudem erkannt und im Zusammenhang gedeutet worden sein.

3. *Die übersetzte Stelle in den Zeilen 6–9a ist inhaltlich und formal leicht einzuordnen, wobei Livius' Wertung der Leistungen des Numa Pompilius mit berücksichtigt werden muss.* *(Anforderungsbereich II)*

Die letzte Aussage in Zeile 5 bezieht sich auf die Bedeutung des Janusbogens, wenn er geschlossen ist (*clausus* …), und darauf folgt die Feststellung des Autors, dass er nach Numas Regierungszeit nur zweimal geschlossen war (*bis deinde post Numae regnum clausus fuit,* Z. 6) – und zwar nach Beendigung des 1. Punischen Krieges und nach der Schlacht bei Actium. Zwei Aspekte werden damit von Livius herausgestellt: Während der Regierungszeit Numas war das Tor geschlossen, was mit der Aussage in Zeile 9 *(clauso eo)* bestätigt wird, somit wird Numa als der König, der für den Frieden steht, positiv herausgehoben; die zweite Schließung wird durch die Aussage *quod nostrae aetati di dederunt, ut videremus* (Z. 7 f.) und die Nennung des Kaisers Augustus als besonders erwähnenswert betont. Damit wird der Friedenskönig Numa in den Rang des Friedenskaisers Augustus gerückt: Beide waren bzw. sind (aus Sicht des Livius) Garanten des Friedens. (5 Punkte)

Hinweis zur Bewertung: Die Hälfte der Punktzahl wird erreicht, wenn der inhaltliche Zusammenhang dargestellt und zumindest ein Bezug zur Rolle des Königs Numa Pompilius hergeleitet worden ist.

Klausuren Latein
Übungsaufgabe 7: Livius II

Text

Die Ereignisse, die im vorliegenden Text vom Geschichtsschreiber Livius geschildert werden, spielen sich im Jahr 495 v. Chr. ab, in den Anfängen der Republik. Die junge Republik hat sowohl mit äußeren als auch inneren Problemen zu kämpfen. Außenpolitisch drohen kriegerische Auseinandersetzungen mit dem Nachbarvolk der Volsker, innenpolitisch herrschen Differenzen zwischen Patriziern und Plebejern, besonders wegen der „Schuldknechtschaft". Darunter ist Folgendes zu verstehen: Ein Schuldner verpfändete seine Person für den Fall, dass er seine Schulden nicht zum vereinbarten Termin zurückzahlen konnte. Damit verlor er seine persönliche Freiheit, er wurde ein „nexus ob aes alienum" – *„ein wegen Schulden Gebundener" = „Schuldknecht". Er hatte allerdings noch das Recht, Kriegsdienst zu leisten. Wenn der Fall der Nichtzahlung eintrat, nahm der Gläubiger ihn in „Schuldknechtschaft" und schickte ihn in ein Zuchthaus/Arbeitshaus, was für den Betreffenden u. a. Folterung bedeutete.*

Et bellum Volscum imminebat et civitas secum ipsa discors intestino inter patres plebemque flagrabat odio, maxime propter nexos ob aes alienum. Fremebant se, foris pro libertate et imperio dimicantes, domi a civibus captos et oppressos esse, tutioremque in bello quam in pace et inter hostes quam inter cives libertatem plebis esse; invidiamque eam sua sponte gliscentem insignis unius calamitas accendit: Magno natu quidam cum omnium malorum suorum insignibus se in forum proiecit. Obsita erat squalore vestis, foedior corporis habitus pallore ac macie perempti; ad hoc promissa barba et capilli efferaverant speciem oris.

Er wird trotz seines entstellten Aussehens erkannt; man sagt, er sei Hauptmann gewesen und habe militärische Auszeichnungen bekommen und Heldentaten vollbracht. Auf die Frage, warum er so heruntergekommen aussehe, erzählt er Folgendes: Als er Kriegsdienst leistete, wurden seine Äcker geplündert, sein Haus in Brand gesteckt, das Vieh geraubt und die Steuer wurde zu einer ungünstigen Zeit fällig; so musste er Schulden machen; durch Zinsen wurden diese immer größer, sodass sein Grundstück und sein ganzes Vermögen verloren gingen. Er wurde in Schuldknechtschaft genommen. Als Beweis zeigt er seinen Rücken, der von frischen Peitschenhieben verletzt ist.

Ad haec visa auditaque clamor ingens oritur. Non iam foro se tumultus tenet, sed passim totam urbem pervadit. Nexi, vincti solutique, se undique in publicum proripiunt, implorant Quiritium fidem. Nullo loco deest seditionis voluntarius comes; multis passim agminibus per omnes vias cum clamore in forum curritur.

(117 Wörter, ohne die übersetzte Textstelle Z. 1 f.)

Übersetzungshilfen

Z. 1 f. *Übersetzung des kursiv gesetzten Abschnitts: „Einerseits drohte der Krieg gegen die Volsker, andererseits glühte die unter sich uneinige Bürgerschaft vor innerem Hass zwischen Patriziern und Plebejern, vor allem wegen der Schuldknechte."*
Z. 2 fremebant: *Subjekt:* die Plebejer
Z. 4 f. *Wortstellung:* et (= que) libertatem plebis in bello tutiorem esse quam in pace et inter hostes (tutiorem esse) quam inter cives
Z. 5 insignis, -e: auffallend
Z. 6 magno natu quidam: ein alter Mann
insigne, -is, n.: äußeres Zeichen
Z. 7 obsitus, -a, -um: übersät/bedeckt
Z. 7 f. ad hoc: außerdem
promissus, -a, -um: lang gewachsen (*bezieht sich auch auf* capilli)
efferare: verwildern
Z. 9 ad … auditaque: bei diesem Anblick und nach diesem Gehörten/dieser Erzählung
Z. 10 nexi, vincti solutique: Schuldknechte, gefesselt und ungefesselt
Z. 11 comes, -itis, m.: *hier:* Teilnehmer/Mitläufer

Aufgabenstellung

I. Übersetzen Sie den lateinischen Text ins Deutsche.

II. Bearbeiten Sie folgende Interpretationsaufgaben:

1. Paraphrasieren Sie den Inhalt der Textabschnitte einschließlich der Überleitung. (8 Punkte)
2. Weisen Sie nach, dass der Autor in den Zeilen 1–5 durch sprachlich-stilistische Mittel die inneren Probleme des Staates charakterisiert. (12 Punkte)
3. Interpretieren Sie den letzten Abschnitt des Übersetzungstextes (Z. 9–12). (18 Punkte)

Lösungsvorschläge

I. Übersetzung

Durch die Texthinführung, die Übersetzung des ersten Satzes in den Hilfen und die Überleitung zwischen den Zeilen 8 und 9 wird ein erheblicher Beitrag zum Textverständnis geleistet. Nutzen Sie diese Hilfe durch farbige Hervorhebung wesentlicher Aussagen und vergewissern Sie sich während der Arbeit am Text jeweils über den inhaltlichen Bezug zum vorhergehenden oder folgenden Abschnitt. Die Satzanalyse wird durch den Hinweis zur Konstruktion in den Zeilen 4f. und die vorgegebene Übersetzung von drei Textstellen erleichtert. Trotzdem sollten Sie nicht davon absehen, sich einen gründlichen Überblick über die Syntax zu verschaffen: Es liegen nur Hauptsätze vor, von denen die längeren durch verbale Konstruktionen unterteilt werden; diese müssen Sie genau analysieren. Es bleibt dann noch die Kennzeichnung der Wortblöcke, die man ebenfalls vor der eigentlichen Übersetzungsarbeit vornehmen sollte. Sie werden trotz zahlreicher Hilfen noch einige Vokabeln im Wörterbuch nachschlagen müssen, aber die Entscheidung über die passende Wortbedeutung wird Ihnen durch die Kenntnis des inhaltlichen Zusammenhanges sowie eventuelle Stellenangaben mit Autorensigle erleichtert. *(Anforderungsbereich III)*

Einerseits drohte der Krieg gegen die Volsker, andererseits glühte die unter sich uneinige Bürgerschaft vor innerem Hass zwischen Patriziern und Plebejern, vor allem wegen der Schuldknechte. Es murrten die Plebejer, dass sie, obwohl sie draußen für Freiheit und Herrschaft kämpften, zu Hause von ihren Mitbürgern gefangen genommen und unterdrückt/geknechtet worden seien und dass die Freiheit der Plebs/des Bürgerstandes im Krieg sicherer sei als im Frieden und unter Feinden sicherer als unter Mitbürgern; und diesen Hass, der schon von selbst anwuchs, entflammte das auffallende Unglück eines Einzelnen: Ein alter Mann mit äußeren Zeichen all seines Unglücks/Elends *(lat. Pl.)* stürzte auf das Forum. Seine Kleidung war schmutzbedeckt/schmutzübersät, (noch) scheußlicher war das Aussehen seines Körpers, der von Blässe und Magerkeit zerstört war; außerdem hatten der lang gewachsene Bart und die lang gewachsenen Haare das Aussehen seines Gesichtes verwildert.

[…]

Bei diesem Anblick und nach dieser Erzählung erhebt sich *(hist. Präsens)* ein ungeheurer Lärm. Der Tumult hält sich/verbleibt nicht mehr (nur) auf dem Forum, sondern durchdringt überall die ganze Stadt/verbreitet sich überall in der ganzen Stadt. Schuldknechte, gefesselt und ungefesselt, stürzen von allen Seiten hervor auf die Straße (*wörtl.:* in die Öffentlichkeit), flehen die Römer um Schutz/Beistand an. An keinem Ort/nirgendwo fehlt der freiwillige Mitläufer des Aufruhrs/Aufstandes; in vielen Zügen läuft man überall durch alle Straßen mit Geschrei auf das Forum.

Livius, Ab urbe condita 2, 23 (mit Auslassungen)

II. Interpretationsaufgaben

1. *Vergleichen Sie Ihre Übersetzung mit den vorgegebenen Textabschnitten. Ein Tipp: Es ist sinnvoll, Abschnitte auch in einer Übersetzung beizubehalten bzw. zu übernehmen; das dient der Übersichtlichkeit. Es wird erwartet, dass Sie für jeden Abschnitt den Inhalt unter Beibehaltung der Aussagenreihenfolge wiedergeben.* *(Anforderungsbereich II)*

   Im **1. Abschnitt** (Z. 1–5) werden die in der Texthinführung erwähnten Schwierigkeiten in den Anfangszeiten der römischen Republik aufgegriffen: Es droht Krieg mit den Nachbarn und im Innern herrscht Uneinigkeit zwischen den Ständen der Plebejer und Patrizier. Ursache ist die Einrichtung der Schuldknechtschaft. Die Plebejer sind mit der Tatsache unzufrieden, dass sie als Bürger trotz ihres Einsatzes im Kriegsdienst für den Staat bei einer Verschuldung gegenüber den Patriziern ihre persönliche Freiheit verlieren und sozusagen zu Sklaven werden. Dieser Aspekt bekommt „Nahrung" durch den beispielhaften Fall eines Betroffenen. (4 Punkte)
   Im **2. Abschnitt** (Z. 6–8, einschließlich der deutschen Überleitung) wird dieser Fall dargestellt: Es handelt sich um einen alten Plebejer, einen ehemaligen Hauptmann, der nach seinen Worten ohne eigenes Zutun in eine prekäre Situation geraten und in Schuldknechtschaft genommen worden ist. Er präsentiert sich der Öffentlichkeit von seinem entstellten Aussehen und seiner schlechten körperlichen Verfassung her als einer, der besonders schwere Folterungen erlitten hat. (2 Punkte)
   Der **3. Abschnitt** (Z. 9–12) zeigt die Reaktion der Zuhörer auf den Anblick und die Erzählung des Betroffenen. Die Emotionen der Umstehenden weiten sich zu einem Aufstand betroffener und nicht betroffener Plebejer aus.
   (2 Punkte)

   Hinweis zur Bewertung: Die Hälfte der Punktzahl wird erreicht, wenn der Inhalt der Abschnitte zwar gekürzt, aber im Wesentlichen wiedergegeben worden ist.

2. *Der Aspekt, unter dem Sie die Zeilen 1–5 untersuchen sollen, ist vorgegeben. Es gilt, zunächst darzustellen, welcher Art die inneren Probleme des Staates sind. Dann ist zu erläutern, wie Livius diese gestaltet. Berücksichtigen Sie, dass zu den sprachlichen Mitteln auch der Tempusgebrauch gehören kann.*
   (Anforderungsbereich II–III)

   Die Uneinigkeit im Volk wird zunächst mit dem Begriff *civitas secum ipsa discors* (Z. 1) ausgedrückt, wobei das **Epitheton** *secum ipsa* zu *discors* das Attribut zusätzlich hervorhebt. Dann wird näher ausgeführt, dass sie zwischen Patriziern und Plebejern herrscht (*inter patres plebemque,* Z. 1 f.). Wie stark dieser Zwist ist, wird durch die Formulierung *intestino … flagrabat odio* (Z. 1 f.) hervorgehoben, wobei die **Metapher** *flagrabat odio* durch das **Hyperbaton** von *intestino* zu *odio* und die **Schlussstellung** des Substantivs zusätzlich betont wird. Die nachfolgende Begründung liefert einen Hauptaspekt des Zwistes, eingeleitet durch *maxime* (Z. 2): Es geht um die Einrichtung der Schuldknechtschaft. (4 Punkte)

Der nächste Satz beginnt mit dem Prädikat *fremebant* (Z. 2), das die Unzufriedenheit der Plebejer zeigt, wobei die **unübliche Anfangsstellung** der Spannung dient: Worauf richtet sich diese Unzufriedenheit? Das erfährt der Leser in den nachfolgenden AcI-Konstruktionen, denen zunächst eine Partizipialkonstruktion vorgeschaltet wird (*foris pro libertate et imperio dimicantes,* Z. 2 f.); diese Aussage steht in **Antithese** zu der ersten AcI-Aussage (*domi a civibus captos et oppressos esse,* Z. 3): ***foris*** – ***domi*** lassen sich direkt gegenüberstellen: Draußen wird von den Plebejern die ***libertas*** als Freiheit des Staates verteidigt, während zu Hause die persönliche ***libertas*** ihnen von den eigenen Mitbürgern genommen wird. (3 Punkte)

Diese ***libertas*** wird im zweiten AcI (Z. 4 f.) angesprochen; auch hier liegt wieder eine **Antithese** vor, eingerahmt von den Begriffen *tutiorem … libertatem plebis*: In Antithese stehen ***in bello*** – ***in pace*** und ***inter hostes*** – ***inter cives***; gleichzeitig stehen die einander entsprechenden Begriffe **parallel** zueinander. Somit verstärken sie sich gegenseitig und betonen die Aussage: „Im Krieg ist die Freiheit der Plebs eher gewährleistet als im Frieden unter den Mitbürgern." (3 Punkte)

Auffällig ist der **Tempuswechsel** in Zeile 5: Während die Prädikate *flagrabat* und *fremebant* im Imperfekt stehen und somit einen andauernden Zustand bzw. die Hintergrundsituation betonen, zeigt das narrative Perfekt *accendit* jetzt an, dass eine Änderung eintritt. Die inneren Probleme entwickeln sich zu einer unmittelbaren Gefahr! (2 Punkte)

Hinweis zur Bewertung: Die Hälfte der Punktzahl wird erreicht, wenn die inneren Probleme des Staates analysiert und an Textbelegen festgemacht worden sind. Die Verdeutlichung durch den Autor sollte an mindestens vier sprachlich-stilistischen Merkmalen nachgewiesen worden sein.

3. *Die Aufgabenstellung ist bewusst offen formuliert. Es handelt sich um einen gut überschaubaren Textabschnitt, den Sie selbstständig angemessen deuten müssen. Dabei können Sie die Methode des Vorgehens selbst wählen. Berücksichtigen Sie, dass bei einer Textinterpretation das Zusammenwirken von Inhalt und Form immer eine wichtige Rolle spielt und dass „Interpretieren" Deutung und Wertung beinhaltet.* *(Anforderungsbereich III)*

Der letzte Textabschnitt steht in einem inhaltlichen Zusammenhang mit der Überleitung: Der Ausdruck *ad haec visa auditaque* (Z. 9) bezieht sich auf den Anblick des in Schuldknechtschaft gefolterten alten Mannes und auf seine Erzählung, wie er in diese Situation geraten ist. Im Folgenden wird die Reaktion der Zuhörer und anderer, die in gleicher Weise betroffen sind oder waren – es handelt sich auf jeden Fall um Angehörige der Plebs –, dargestellt. Livius beschreibt die Entstehung eines Aufstandes, dessen Ursache, der Hass auf die Patrizier wegen der Schuldknechtschaft, schon lange schwelte und der jetzt

nur noch einen Auslöser brauchte, um zum Ausbruch zu kommen. Auffällig ist der Gebrauch des Praesens historicum bzw. dramaticum bei allen Prädikaten, wodurch verdeutlicht wird, dass jetzt der Höhepunkt des Geschehens dargestellt wird. Außerdem werden kurze Sätze ohne gedankliche Verknüpfung aufgelistet: Alle Ereignisse folgen unmittelbar aufeinander. (5 Punkte)
Die Emotionen der Menge entladen sich in Geschrei bzw. Lärm, dessen Gewalt durch das Attribut *ingens* und das Prädikat *oritur* (Z. 9) anschaulich gemacht wird. Er entwickelt sich zu einem Aufruhr/Tumult, der sich nicht mehr auf den bisherigen Schauplatz, das Forum, beschränkt, sondern die ganze Stadt ergreift. Die Wortwahl *passim totam urbem pervadit* (Z. 10) drückt diesen Aspekt beinahe redundant aus. Im Satz der Zeilen 10 f. erfährt man, dass Betroffene (Schuldknechte) jetzt ihre Chance sehen, auf sich aufmerksam zu machen und Hilfe zu erbitten. Die Wortwahl *se in publicum proripiunt* entspricht der Textstelle *se in forum proiecit* (Z. 6) und betont das Unterfangen der Betroffenen, sich an die Öffentlichkeit zu wenden. Hier gipfelt dieses Vorgehen in dem Flehen um Beistand (*implorant Quiritium fidem,* Z. 11), wobei der Begriff *fidem* am betonten Schluss steht und die Bitte durch die Wahl des Substantivs *Quiritium* statt *Romanorum* einen formellen bzw. offiziellen Anstrich erhält. (7 Punkte)
Auch die Tatsache, dass es – egal, um was es geht – bei jedem Aufstand Mitläufer gibt, erwähnt Livius im nächsten Satz. Die Feststellung klingt sehr pointiert durch die Wortstellung – Prädikat am Anfang, Subjekt am Schluss (*voluntarius comes*, Z. 11) – und durch die Litotes zu Beginn des Satzes: *nullo loco deest* (Z. 11). Auffällig ist auch die Bezeichnung für die Aktion, die sich aus *clamor ingens* über *tumultus* jetzt zu einer *seditio*, einem Aufstand, entwickelt hat, und damit zu einer Gefahr für die Patrizier. (4 Punkte)
Dass den Patriziern nichts anderes übrig bleiben wird, als sich der Menge zu stellen und die Gefahr eines Bürgerkriegs abzuwenden, wird im letzten Satz (Z. 12) angedeutet. Es klingt wie eine unterschwellige Drohung, wenn Livius berichtet, dass die entfesselte Menge (hier in dem unpersönlichen Passiv *curritur* enthalten) unter Geschrei auf das Forum strömt. Diese Menge ist inzwischen weiter angewachsen, ausgedrückt durch *multis ... agminibus*, wobei das Substantiv zusätzlich durch ein Hyperbaton hervorgehoben wird. Die Adverbiale *passim* und *per omnes vias* entsprechen durch die Synonyme in der Wortwahl der Darstellung der Verbreitung des Aufstandes in den Zeilen 9 f. (4 Punkte)
Livius führt somit im Abschnitt Z. 9–12 dem Leser besonders anschaulich vor Augen, wie schwelende soziale Unzufriedenheit zu einem offenen Konflikt ausufern kann, der die bestehende Gesellschaftsordnung existenziell gefährdet. (2 Punkte)

Hinweis zur Bewertung: Die Hälfte der Punktzahl wird erreicht, wenn der inhaltliche Zusammenhang des Abschnitts mit dem vorherigen Text dargestellt und die Aussagen im Wesentlichen analysiert worden sind. In jedem Satz sollte zumindest 1 sprachlich-stilistische Besonderheit erkannt und gedeutet worden sein.

Klausuren Latein
Übungsaufgabe 8: Livius III

Text

Im vorliegenden Text aus dem Geschichtswerk des Livius wird eine Episode aus dem 2. Punischen Krieg berichtet. Die Römer waren bei der Eroberung punischer Stützpunkte in Spanien auf Geiseln aus Keltiberia (Nordspanien) gestoßen, die sich in der Haft der Karthager befunden hatten. Wie sich der junge römische Feldherr Publius Cornelius Scipio diesen Geiseln gegenüber verhalten hat, zeigt der folgende Text.

P. Cornelius Scipio convocatis obsidibus primum universos bonum animum habere iussit: eos enim venisse in populi Romani potestatem, qui beneficio quam metu obligare homines malit exterasque gentes fide ac societate iunctas habere quam tristi subiectas servitio.

Darauf fragt Scipio die Geiseln nach ihrer Herkunft und schickt Boten in ihre Heimat mit dem Auftrag, dass die Angehörigen die Gefangenen nach Hause holen sollten. Unter den Geiseln befindet sich eine auffallend schöne junge Frau, die von Scipio nach ihrer Heimat und ihren Eltern befragt wird. Er erfährt unter anderem, dass sie mit einem adligen Keltiberer namens Allucius verlobt sei.

Extemplo igitur parentibus sponsoque a domo accitis, cum interim audiret deperire Allucium sponsae amore, ubi primum venit, accuratiore eum sermone quam parentes adloquitur. „Tuo“ inquit „amori faveo. Fuit sponsa tua apud me eadem, qua apud soceros tuos parentesque suos, verecundia; servata tibi est, ut inviolatum et dignum me teque dari tibi donum posset. Hanc mercedem unam pro eo munere paciscor: amicus populo Romano sis et, si me virum bonum credis esse, scias multos nostri similes in civitate Romana esse nec ullum in terris hodie populum dici posse, quem minus tibi tuisque hostem esse velis!“

(104 Wörter, ohne die übersetzte Textstelle Z. 5 –7)

Übersetzungshilfen

Z. 5 ff.	*Übersetzung des kursiv gesetzten Abschnitts: Auf der Stelle also ließ er ihre Eltern und ihren Verlobten von zu Hause holen, und als er inzwischen hörte, Allucius komme vor Liebe zu seiner Verlobten um, sprach er diesen, sobald er gekommen war, in einer noch eingehenderen Weise an als ihre Eltern.*
Z. 7 f.	qua … suos: *ergänzen Sie* fuisset
Z. 8	verecundia, -ae: *hier:* Achtung
	servata … est: *ergänzen Sie* ita
	servare: *hier:* (auf)bewahren
Z. 9	donum: *prädikativ gebraucht*
	posset: *als Präsens zu übersetzen*
Z. 10	nostri = mei (*zu* similes, Z. 11)
Z. 11 f.	quem *(bez. auf* populum, Z. *11)* minus … velis: von dem du weniger willst, dass es … *(konsekutiver Relativsatz, verschränkt mit AcI)*

Aufgabenstellung

I. Übersetzen Sie den lateinischen Text ins Deutsche.

II. Bearbeiten Sie folgende Interpretationsaufgaben:

1. Gliedern Sie den Text unter Einbeziehung der Überleitung anhand formaler Kriterien und fassen Sie die Aussagen zusammen. (13 Punkte)
2. Analysieren Sie die Zeilen 1–4 und weisen Sie nach, dass der Autor die Funktion der Aussagen durch die Verwendung sprachlich-stilistischer Mittel unterstützt. (22 Punkte)
3. Interpretieren Sie die Zeilen 9–12 und zeigen Sie, inwiefern Livius hier einen Bezug zur Romidee herstellt. (20 Punkte)

Lösungsvorschläge

I. Übersetzung

In der Texthinführung erfahren Sie, dass es hier um das Verhalten Scipios gegenüber den Geiseln der Punier geht. Sie können damit rechnen, dass der Autor Livius dieses positiv darstellt, und finden eine entsprechende Bestätigung in der Überleitung nach der Zeile 4 und an der in Übersetzung angegebenen Stelle in den Zeilen 5–7. Ebenso ist zu erwarten, dass positive Begriffe verwendet werden, wenn das römische Volk in den Blick gerät. Achten Sie z. B. auf Ausdrücke, die das Verhalten gegenüber anderen Völkern kennzeichnen.
Zur Textgestaltung folgende Hinweise: An verbalen Satzkonstruktionen finden Sie mehrfach AcI und Ablativus absolutus; ferner liegt in den Zeilen 2–4 eine kurze indirekte Rede vor (im AcI bzw. im Konjunktiv), die im Konjunktiv wiederzugeben ist; in den Zeilen 11 f. findet sich eine relative Satzverschränkung, die allerdings in den Übersetzungshilfen aufgelöst worden ist. (Anforderungsbereich III)

Nachdem die Geiseln zusammengerufen worden waren, forderte P. Cornelius Scipio zunächst alle auf, guten Mutes zu sein / zuversichtlich zu sein: Sie seien nämlich in die Macht des römischen Volkes gekommen, das Menschen lieber durch Wohltat als durch Angst verpflichten wolle und ausländische Völker lieber durch ein Schutzverhältnis und Bündnis / Schutzbündnis mit sich verbunden haben wolle, als in trauriger Knechtschaft unterworfen.
[…]
Auf der Stelle also ließ er ihre Eltern und ihren Verlobten von zu Hause holen, und als er inzwischen hörte, Allucius komme vor Liebe zu seiner Verlobten um, sprach er diesen, sobald er gekommen war, in einer noch eingehenderen Weise an als ihre Eltern.

„Deiner Liebe", sagte er, „bin ich gewogen. Deine Verlobte hat bei mir dieselbe Achtung genossen *(Abl. qualitatis),* die sie bei deinen Schwiegereltern, ihren Eltern (-que *ist überflüssig!*), genossen hätte *(Irrealis der Vergangenheit);* sie ist dir/für dich so (auf)bewahrt (worden), dass sie dir als unversehrtes und meiner und deiner würdiges Geschenk gegeben/übergeben werden kann.
Diesen Lohn bedinge ich mir als einzigen für dieses Geschenk aus: Sei *(Optativ)* dem römischen Volk ein Freund und, wenn du mich für einen rechtschaffenen Mann hältst, wisse *(Optativ),* dass es viele mir ähnliche (Männer) im römischen Staat gibt und dass heute auf Erden/auf der Welt kein Volk genannt werden kann, von dem du weniger willst, dass es dir und den Deinen ein Feind ist!"

Livius, Ab urbe condita 26, 49 f. (mit Auslassungen)

II. Interpretationsaufgaben

1. *Der Text weist deutliche formale Kriterien auf wie Anfangskonnektoren, indirekte und direkte Rede, die Ihnen eine Gliederung erleichtern. Inhaltlich erfahren Sie eine zusätzliche Hilfe durch die Überleitung und die vorgegebene Übersetzung der Zeilen 5 ff. Wenn Sie jetzt noch Ihre eigene Übersetzung hinzuziehen, werden Sie diese Aufgabe leicht lösen können.*
(Anforderungsbereich I–II)

Der Text lässt sich in drei große Abschnitte gliedern, die jeweils noch unterteilt werden können:
Der **1. Abschnitt** umfasst die Zeilen 1–4: Scipio baut zunächst *(primum)* die punischen Geiseln, die jetzt in die Hände der Römer gefallen sind, seelisch auf, indem er als Begründung *(enim)* in einer indirekten Rede (Z. 2 f.) den positiven Aspekt einer Geiselhaft in römischen Händen anführt. (5 Punkte)
Der **2. Abschnitt** entspricht der Überleitung und den Zeilen 5–7: Scipio bestätigt darauf seine Worte durch positives Verhalten – er will die Geiseln nach Hause gehen lassen; eine weibliche Geisel wird besonders hervorgehoben, die Verlobte des Keltiberers Allucius; Scipio zeigt Verständnis für die Gefühle der Betroffenen – er reagiert sofort (*extemplo igitur,* Z. 5), lässt ihre Eltern und den Verlobten kommen und spricht zu ihnen (*adloquitur,* Z. 7). (5 Punkte)
Der **3. Abschnitt** betrifft die Zeilen 7–12: Hier findet sich die direkte Rede Scipios *(inquit)* an den Verlobten, in der er in den Zeilen 7–9 sein verantwortungsbewusstes Verhalten gegenüber der jungen Frau herausstellt und in den Zeilen 10–12 die besondere Stellung des römischen Volkes betont. (3 Punkte)

Hinweis zur Bewertung: Die Hälfte der Punktzahl wird erreicht, wenn drei Sinnabschnitte erkannt und jeweils mit einem formalen Kriterium belegt sowie die inhaltlichen Aspekte in Grundzügen erwähnt worden sind.

2. *Hier sind die besonderen Merkmale der Zeilen 1–4 herauszuarbeiten. Dabei soll die Verwendung sprachlich-stilistischer Mittel (Wortwahl, Wortstellung, rhetorische Stilmittel) festgestellt und im Zusammenhang gedeutet werden. Hinsichtlich der Funktion der Aussagen können Sie z. T. auf Ergebnisse der 1. Aufgabe zurückgreifen.* *(Anforderungsbereich II–III)*

In den Zeilen 1 f. lässt Livius den römischen Feldherrn Scipio als Sieger und offiziellen Vertreter des römischen Volkes auftreten und sprechen. Der Sieger wird mit vollem Namen gleich zu Beginn des Satzes als Subjekt genannt, am betonten Schluss steht das Prädikat *iussit* (Z. 2), das allerdings hier nicht das ihm zukommende Befehlen, sondern ein verständnisvolles Aufmuntern beinhaltet, wie man an der AcI-Aussage *universos bonum animum habere* (Z. 1) erkennt. Der Sieger lässt zwar die Geiseln zusammenrufen *(convocatis obsidibus),* aber die Menschen, die vermutlich voller Angst sind und nicht wissen, was sie erwartet, werden sofort von ihm beruhigt. (5 Punkte)
Dann erfahren die Geiseln von Scipio, was es heißt, unter römische Herrschaft geraten zu sein (Z. 2–4). Dass es hiermit eine besondere Bewandtnis hat, deutet die Aussage zu Beginn der indirekten Rede ***e**os **e**nim venisse* durch **Alliteration** und Voranstellung des Infinitivprädikats an, wodurch das Adverbiale *in populi Romani potestatem* an betonter **Schlussstellung** durch einen Spannungsbogen und zusätzlich durch das **Hyperbaton** *in … potestatem* hervorgehoben wird. (4 Punkte)
Im folgenden Relativsatz vernehmen die Geiseln bzw. der Leser, dass die Herrschaft des römischen Volkes für die Betroffenen positiv zu werten ist, da sie auf der Einhaltung von hohen Werten beruht, während die Herrschaft anderer, gemeint sind natürlich die Punier, negativ ist. Letzteres soll der Leser so empfinden, es wird von Livius nur angedeutet, allerdings durch eine **Antithese** in Form einer Gegenüberstellung von positiven und negativen Wertbegriffen sinngemäß besonders herausgestellt. Der positiven Haltung der Römer steht das negative Verhalten anderer gegenüber. (5 Punkte)
Jeder Sieger bindet die Unterlegenen an sich (*obligare homines,* Z. 3), aber bei den Römern erfolgt diese Verpflichtung durch Erweisen von Wohltat, bei anderen durch Erzeugen von Angst: *beneficio* steht im Gegensatz zu *metu.* (2 Punkte)
Auch das Abhängigkeitsverhältnis unterworfener auswärtiger Völker (*exterasque gentes,* Z. 3) beruht bei den Römern auf einer ganz anderen Grundlage als sonst üblich: Bei ihnen gibt es ein Schutz- und Bündnisverhältnis (*fide ac societate*, Z. 3, betont durch das **Hendiadyoin**), das eine Art von Gleichrangigkeit *(iunctas)* beinhaltet – wieder wird die Bewahrung von Werten, in diesem Fall in Bezug auf die Gegenseitigkeit des Verhältnisses betont; in **Antithese** dazu steht auf der Seite der anderen der Aspekt der Unterwerfung und Abhängigkeit *(subiectas)* in Form einer Knechtschaft *(servitio);* dabei wird die Knechtschaft durch betonte **Schlussstellung** und das **Hyperbaton** zu dem

Attribut *tristi*, das eine **Enallage** bedeuten kann (da die Betroffenen ja traurig sind!), sowie durch die **s-Alliteration** *(tristi subiectas servitio)* besonders hervorgehoben. (6 Punkte)

Hinweis zur Bewertung: Die Hälfte der Punktzahl wird erreicht, wenn zu den Zeilen 1 f. das positive Verhalten Scipios herausgestellt und zu den Zeilen 2–4 der Gegensatz zwischen Römern und Puniern grundlegend verdeutlicht worden ist. Es sollten zudem mindestens vier sprachlich-stilistische Auffälligkeiten erkannt und im Zusammenhang gedeutet worden sein.

3. *Es wird erwartet, dass Sie den Textabschnitt Z. 9–12 umfassend bearbeiten, wobei ein übergeordneter Bezug, die Romidee, die Sie bei der Livius-Lektüre kennengelernt haben, vorgegeben ist. Falls Sie sich im Unterricht schon mit der* Aeneis *Vergils befasst haben, ist es sinnvoll, einen entsprechenden Bezug herzustellen (in einer Abituraufgabe würde das auf jeden Fall erwartet) – hier wird in einem Zusatz darauf verwiesen. Inhalt und Form der Textaussagen sind angemessen (Deutung und Wertung!) zu berücksichtigen.*
(Anforderungsbereich II–III)

Die Zeilen 9–12 stellen den Abschluss der Rede Scipios an den Keltiberer Allucius dar. Scipio spricht hier als offizieller Vertreter des römischen Volkes zu einem adligen, also einflussreichen Mann eines auswärtigen Volkes, das bisher nicht in Verbindung zu den Römern gestanden hat, weder freundschaftlich noch feindlich. Als der Überlegene kann Scipio für sein ehrenhaftes Verhalten gegenüber der gefangenen Verlobten des Allucius (s. Z. 7–9) eine Belohnung verlangen. In einer von der **Wortwahl** her besonders feierlichen Sprache, verbunden mit einer **Alliteration**, drückt er diesen Aspekt aus: *hanc mercedem ... pro eo munere paciscor* (Z. 9). (4 Punkte)
Der Lohn, den der römische Feldherr für sich beansprucht, ist nur ein einziger (*unam,* Z. 9), aber nicht ein für ihn persönlicher, sondern einer, der dem römischen Volk zugutekommt: Allucius soll eine freundschaftliche Haltung gegenüber dem römischen Volk einnehmen (*amicus populo Romano sis,* Z. 10); nicht als Forderung, sondern als Wunsch im **Optativ** äußert Scipio seine Vorstellung; so wird die Strenge des Verbs *paciscor* gemildert und Allucius wird (indirekt) die Möglichkeit einer Entscheidung eingeräumt.
(4 Punkte)
Im zweiten Teil des Wunschsatzes bewertet Scipio indirekt seine Haltung als die einem Römer zukommende und verbindet damit eine positive Wertschätzung der Römer: Indem er Allucius die Möglichkeit nahelegt, ihn für einen rechtschaffenen Mann zu halten (*si me virum bonum credis esse,* Z. 10), macht er ihm gleichzeitig deutlich (wieder als Wunsch im **Optativ** geäußert: *scias ...*, Z. 10), dass viele andere Römer ähnlich denken und agieren wie er (*multos nostri similes in civitate Romana esse,* Z. 10 f.); der **Pluralis maiestatis** *nostri* hebt einerseits den Feldherrn Scipio heraus, andererseits kann es auch sein, dass Scipio hier sich und die anderen Verantwortlichen im römi-

schen Heer auf die gleiche hohe Stufe setzt. Dem römischen Staat wird mit dieser Aussage jedenfalls ein hohes Ansehen zugesprochen, er vertritt die Einhaltung von Werten, die ein friedliches Zusammenleben der Völker garantieren – entsprechend hoch ist die Erwartungshaltung der anderen Völker gegenüber Rom; hier klingt die Romidee an, die von Livius in seinem Werk vertreten wird. (6 Punkte)
(Zusatz: Die Stelle ist vergleichbar mit der Wendung im 6. Buch der *Aeneis*, wo Anchises seinem Sohn Aeneas in der „Römerschau" verdeutlicht, was die römische Herrschaft unter anderem charakterisiert, nämlich *parcere subiectis* (V. 853) – Schonung und Milde gegenüber den Unterlegenen.)
Die Romidee klingt auch in der nächsten Aussage an, welche die Stellung des römischen Volkes in der Welt verdeutlicht: ***nec ullum*** *in terris hodie* ***populum*** *dici posse, quem* ***minus*** *...* ***hostem esse*** *velis* (Z. 11 f.). Es gibt demnach kein Volk, das man weniger zum Feind haben möchte. Durch das **Hyperbaton** erfährt *populum* eine besondere Betonung und die **Litotes** *nec ullum minus* bedeutet positiv ausgedrückt: Jedes andere Volk (z. B. die Punier) ist als Feind besser zu ertragen als die Römer. Somit heißt die Konsequenz: Mit den Römern in Freundschaft zu leben, ist die bessere Wahl.
(Zusatz: Auch hier ist ein Vergleich mit Vergil möglich. An der oben genannten Textstelle heißt es weiter: *et debellare superbos* – die Aufsässigen werden von den Römern bekämpft und bezwungen.)
Durch den Zusatz der Dativobjekte *tibi tuisque* zu dem Infinitivprädikat *hostem esse* spricht Scipio Allucius auf seine Verantwortung an, die er gegenüber seiner Familie und seinem Volk hat. Gleichzeitig macht er aber auch warnend deutlich, dass es keine Alternative gibt: Man macht sich die Römer nicht zum Feind! (6 Punkte)

Hinweis zur Bewertung: Die Hälfte der Punktzahl wird erreicht, wenn der Gehalt der Textstelle im Sinne einer Charakterisierung der Römer grundlegend verdeutlicht worden ist und zumindest 1 Bezug zur Romidee hergestellt worden ist. An vier Stellen sollte auch die Gestaltung der Aussagen gebührend berücksichtigt worden sein.

Klausuren Latein
Übungsaufgabe 9: Cicero I

Text

In seinem staatsphilosophischen Dialog De re publica *lässt Cicero den Hauptredner Scipio die Entwicklung des römischen Staates aufzeigen – von der Stadtgründung Roms bis zur Entstehung der Republik. Dem vorliegenden Text geht die Darstellung der despotischen Herrschaft des letzten römischen Königs Tarquinius Superbus und seiner Verbannung voraus, die das Ende der Monarchie bedeutete.*

Videtisne igitur, ut de rege dominus exstiterit uniusque vitio genus rei publicae ex bono in deterrimum conversum sit? Hic est enim dominus populi, quem Graeci tyrannum vocant. Nam regem illum volunt esse, qui consulit ut parens populo conservatque eos, quibus est praepositus, quam optima in condicione vivendi: (id est) sane bonum rei publicae genus, sed tamen (est) inclinatum et quasi pronum ad perniciosissimum statum.

Simulatque enim se inflexit hic rex in dominatum iniustiorem, fit continuo tyrannus, quo neque taetrius neque foedius nec deis hominibusque invisius animal ullum cogitari potest. Qui quamquam figura est hominis, morum tamen immanitate vastissimas vincit beluas.

Quis enim hunc hominem rite dixerit, qui sibi cum suis civibus, qui denique cum omni hominum genere nullam iuris communionem, nullam humanitatis societatis velit?

(100 Wörter, ohne die übersetzte Textstelle Z. 11–13)

Übersetzungshilfen

Z. 1 videtisne igitur, ut …: seht ihr also, wie …
exsistere de: entstehen aus
Z. 2 converti *(Deponens)*: umschlagen
hic est enim: ein solcher König ist nämlich
Graeci: *gemeint sind die griechischen Philosophen wie Platon und Aristoteles*
Z. 3 regem illum volunt esse: sie *(= Graeci)* wollen, dass jener ein „König" ist/heißt
Z. 4 quam optima in condicione vivendi: in möglichst guter Lebenslage
Z. 5 sane: tatsächlich/wirklich
Z. 7 simulatque: sobald
Z. 8 quo *(Relativpronomen im Abl. comparationis)*: im Vergleich zu dem
Z. 11 ff. *Übersetzung des kursiv gesetzten Abschnitts: „Wer nämlich könnte diesen zu Recht einen Menschen nennen, der für sich mit seinen Mitbürgern, der überhaupt mit dem ganzen Menschengeschlecht keine Rechtsgemeinschaft und keine menschliche Verbundenheit will?"*

Aufgabenstellung

I. Übersetzen Sie den lateinischen Text ins Deutsche.

II. Bearbeiten Sie folgende Interpretationsaufgaben:

1. a) Beschreiben Sie kurz die drei Verfassungsformen und ihre Entartungen, die Cicero in seinem Werk *De re publica* darstellt. (5 Punkte)
   b) Ordnen Sie den vorliegenden Text in den inhaltlichen Zusammenhang des Werkes *De re publica* ein. Nehmen Sie dabei Bezug auf die Texthinführung und die Aussage des ersten Satzes (Z. 1 f.). (5 Punkte)

2. a) Gestalten Sie anhand lateinischer Kernbegriffe aus den Zeilen 1–7 ein Schaubild nach selbst gewählten Kriterien. (12 Punkte)
   b) Erläutern Sie die Funktion der Zeilen 7–10 und weisen Sie nach, dass Cicero diese durch sprachlich-stilistische Mittel unterstützt. (12 Punkte)

3. Vergleichen Sie die Aussage der Zeilen 11–13 mit folgendem Zitat aus dem 1. Buch von Ciceros Werk *De re publica* und stellen Sie einen Bezug zum Thema des Übersetzungstextes her:

   (Populus est) coetus multitudinis iuris consensu et utilitatis communione sociatus. (8 Punkte)

Lösungsvorschläge

I. Übersetzung

Sie kennen aus der unterrichtlichen Behandlung des Werkes De re publica *Begriffe, die Cicero für „Staatsform" und für die einzelnen Verfassungen verwendet – so sind Sie hinsichtlich des Wortschatzes gut auf die Übersetzungsarbeit und den entsprechenden Einsatz des Wörterbuchs vorbereitet. Es empfiehlt sich, nach der ersten formalen Textbearbeitung, der Satzanalyse, Farben für die beiden Staatsformen festzulegen, um die es hier geht, und diese im Text, soweit sie auf den ersten Blick erkennbar sind, zu markieren – eine Hilfe auch für die Interpretationsaufgabe.*
Syntaktisch weist der Text keine größeren Schwierigkeiten auf; beachten Sie aber genau die Übersetzungshilfen. Ellipsen sind durch eingeklammerte Zusätze im Text aufgehoben worden. Infinite Konstruktionen (AcI: Z. 3, Gerundium: Z. 4) sind in den Hilfen übersetzt, so bleibt nur noch ein Infinitiv als Objekt in Zeile 9. Der Text setzt mit einer (rhetorischen) Frage ein und endet auch mit einer solchen. Es kommen vorwiegend Verbindungen von Haupt- und Gliedsätzen (viele Relativsätze) vor, wobei der Aufbau oft parallel ist. Typisch ist für Cicero, dass durch Anfangskonnektoren wie igitur, enim, nam *usw. auf vorhergehende Aussagen verwiesen wird; es ist sinnvoll, solche Konnektoren schon bei der ersten Textbearbeitung einzukreisen und bei der Übersetzungsarbeit sich jedes Mal zu*

vergegenwärtigen, was vorher vom Autor gesagt worden ist. Denken Sie auch daran, dass Cicero gerne einen Sachverhalt mit Variation in der Wortwahl doppelt ausdrückt oder einen Gedanken durch zwei (parallele) Aspekte hervorhebt.
(Anforderungsbereich III)

Seht ihr also, wie aus dem König ein Despot/Gewaltherrscher entstanden ist und durch den Fehler/das fehlerhafte Verhalten eines Einzigen die Staatsform aus einer guten in die schlechteste umgeschlagen ist? Ein solcher König ist nämlich ein Despot/Gewaltherrscher über das Volk, den die Griechen als „Tyrannen“ bezeichnen.
Denn sie wollen, dass ein „König“ jener ist/heißt, der wie ein Vater für das Volk sorgt und diejenigen, denen er vorangestellt ist/an deren Spitze er steht, in möglichst guter Lebenslage erhält: Dies ist in der Tat eine gute Staatsform, aber dennoch ist sie geneigt und gleichsam abschüssig zur verderblichsten Form hin.
Sobald nämlich dieser König sich zu einer ziemlich ungerechten Alleinherrschaft (= Tyrannei) hingewandt hat, wird er sogleich zum Tyrannen, im Vergleich zu dem man sich kein abscheulicheres noch abstoßenderes noch den Göttern und Menschen verhassteres Lebewesen vorstellen kann. Obwohl dieser die Gestalt eines Menschen hat, übertrifft er dennoch an Rohheit seines Charakters/seiner Gesinnung die wüstesten/rohsten Ungeheuer.
Wer nämlich könnte diesen zu Recht einen Menschen nennen, der für sich mit seinen Mitbürgern, der überhaupt mit dem ganzen Menschengeschlecht keine Rechtsgemeinschaft und keine menschliche Verbundenheit will?

Cicero, De re publica 2, 47 f.

II. Interpretationsaufgaben

1. a) *Hier müssen Sie Ihr Unterrichtswissen aktivieren. Benennen Sie nicht nur die einzelnen Staatsformen, sondern stellen Sie auch ihre Charakteristika dar.* *(Anforderungsbereich I–II)*

Cicero behandelt in seinem Werk *De re publica* u. a. die Frage, welches die beste Staatsform ist. In diesem Zusammenhang beschreibt er die Grundformen der Verfassung, Monarchie, Aristokratie und Demokratie, und ihre entsprechenden Entartungsformen, Tyrannis, Oligarchie und Ochlokratie. (2 Punkte)
Das Kennzeichen der Monarchie ist die Leitung durch einen König als Staatsoberhaupt. Wenn dieser gerecht und weise ist, handelt es sich nach Cicero um die beste Staatsform, die aber zur schlechtesten, zur Tyrannis, entarten kann, wenn er egoistische Bestrebungen verfolgt. Die Aristokratie bedeutet eine Staatsführung durch ausgewählte Männer (Optimaten), die allerdings aus dem gleichen Grund wie oben genannt zu einer Oligarchie (Cliquenherrschaft) entarten kann. Für die Demokratie ist kennzeichnend, dass die gesamte Entscheidungsbefugnis beim Volk liegt; aber auch

hier kann von einzelnen Gruppen die Macht missbraucht werden, sodass die Demokratie zur Ochlokratie (Pöbelherrschaft) entartet. (3 Punkte)

Hinweis zur Bewertung: Die Hälfte der Punktzahl wird erreicht, wenn die Grundformen der Verfassungen und ihre Entartungsmöglichkeiten benannt und richtig zugeordnet worden sind. Ferner sollte für mindestens eine Form ein Charakteristikum angeführt worden sein.

b) *Lesen Sie die Hinführung zum Text und Ihre Übersetzung des ersten Satzes im Hinblick auf die Aufgabenstellung noch einmal durch. Vergegenwärtigen Sie sich, welche Aspekte Cicero in seinem Werk* De re publica *behandelt, und bringen Sie Ihre Kenntnisse ein, soweit sie Ihrer Meinung nach hier relevant sind. Stellen Sie einen Bezug zur Texthinführung und zum ersten Satz her. So können Sie leicht eine Einordnung vornehmen. Belegen Sie Ihre Aussagen anhand charakteristischer Textstellen.* *(Anforderungsbereich I–II)*

Die vorliegende Textstelle lässt sich in den Zusammenhang des Wechsels der Staatsformen einordnen – und zwar in die Entwicklung von der Monarchie zur Tyrannis. Zu belegen ist dies durch die Texthinführung, durch die man erfährt, dass zuvor über den römischen König Tarquinius Superbus berichtet worden ist, der zum Tyrannen geworden war. (2 Punkte)
Die Einleitung des ersten Satzes *(videtisne igitur)* nimmt unmittelbar darauf Bezug und die Fortsetzung des Satzes mit *ut de rege dominus exstiterit* bestätigt diesen Aspekt: Aus dem König ist ein Gewaltherrscher geworden und entsprechend aus einer guten Staatsform (*genus rei publicae ex bono,* Z. 1 f.) die schlechteste (*in deterrimum conversum sit,* Z. 2). (3 Punkte)

Hinweis zur Bewertung: Die Hälfte der Punktzahl wird erreicht, wenn der hier beschriebene Wechsel von der Monarchie zur Tyrannis genannt wird sowie der inhaltliche Bezug zur Texthinführung erfolgt. Ferner sollte eine zutreffende lateinische Textstelle als Beleg angeführt werden.

2. a) *Da Sie schon bei der Übersetzungsvorbereitung Begriffe aus den Sachfeldern „Staatsformen, Monarchie, Tyrannis" gekennzeichnet haben (s. Empfehlung in den Hinweisen zur Übersetzungsaufgabe), wird es Ihnen nicht schwerfallen, ein entsprechendes Schaubild in Form einer Gegenüberstellung zu entwerfen. Die Kernbegriffe sollten, soweit sinnvoll, in der Grundform angeführt werden. Bei Übernahme in der Textform sind Anführungszeichen nötig.* *(Anforderungsbereich II–III)*

Da es hier um die Monarchie und ihre Entartungsform, die Tyrannis, geht, lassen sich die beiden Staatsformen und ihre Vertreter gut einander gegenüberstellen:

Kriterium	Monarchie	Tyrannis
1. Vertreter	*rex* (Z. 1, 3, 7)	*dominus* (Z. 1) *tyrannus* (Z. 3, 7)
2. Bewertung der Staatsform	*bonum genus rei publicae* (Z. 1 f., 5)	*genus rei publicae … deterrimum* (Z. 1 f.) *perniciosissimus status* (Z. 6)
3. Charakterisierung der Staatslenker	*consulere ut parens populo* (Z. 3) *conservare … quam optima in condicione vivendi* (Z. 4)	*dominus populi* (Z. 2) *dominatus* (Z. 7)
4. Ursache der Entartung	*unius vitio* (Z. 1) *rei publicae genus … inclinatum et quasi pronum …* *se inflexit hic rex …*	*… ad perniciosissimum statum* (Z. 5 f.) *… in dominatum iniustiorem* (Z. 7)

(12 Punkte)

Hinweis zur Bewertung: Die Hälfte der Punktzahl wird erreicht, wenn das Schaubild die Kriterien Nr. 1–3 enthält und jeweils mindestens ein Kernbegriff zugeordnet ist.

b) *Sie haben die Aussage in Zeile 7 schon bei der Bearbeitung der Aufgabe 2 a berücksichtigt. Daher genügt hierzu ein kurzer Verweis und Sie können sich den Zeilen 8–10 zuwenden. Nehmen Sie Bezug auf die einzelnen Aussagen und machen Sie besonders deutlich, wie der Inhalt durch die sprachlich-stilistische Gestaltung unterstützt wird.*

(Anforderungsbereich II–III)

Im Textabschnitt (Z. 7–10) geht es um den Tyrannen (*hic rex … fit continuo tyrannus,* Z. 7). Der Tyrann steht im Gegensatz zum guten König. Man kann sich ein schlimmeres Lebewesen nicht vorstellen – *animal* (Z. 8) ist zwar wertneutral, aber die Nähe zum Tier ist gegeben. Das macht Cicero durch die **polysyndetische Auflistung** (*neque …*) von Attributen im Komparativ zu *animal ullum* deutlich. Dabei sind die Adjektive *taetrius* und *foedius* **synonym** und **negativ konnotiert**; die **Klimax** *nec deis hominibusque invisius* besagt, dass jeder sich von diesem Wesen abwenden muss. Die gesamte Aussage in Zeile 8 ist also geprägt von **Tiermetaphorik** und stellt eine **Hyperbel** dar. (6 Punkte)
In den Zeilen 9 f. wird der Tyrann als Unmensch charakterisiert, der zwar wie ein Mensch aussieht (*quamquam figura est hominis,* Z. 9), aber an

Rohheit sogar die schlimmsten Tiere übertrifft (*morum … immanitate vastissimas vincit beluas,* Z. 9 f.). Cicero drückt diesen Aspekt durch die Wortwahl besonders drastisch aus: In **Antithese** zu *figura hominis* steht *morum immanitate,* wobei man für *immanitas* auch den Begriff „Unmenschlichkeit" einsetzen kann. Das Substantiv *belua,* das durch das im Superlativ stehende Attribut *vastissimas* noch gesteigert wird, bedeutet „Untier, Ungeheuer" und stellt somit als Vergleich eine **Hyperbel** dar. Die Behauptung, dass der Tyrann solche Ungeheuer noch übertreffe, wird durch die **Alliteration** *vastissimas vincit* und durch das **Hyperbaton** von *vastissimas* zu *beluas* zusätzlich betont. (6 Punkte)

Hinweis zur Bewertung: Die Hälfte der Punktzahl wird erreicht, wenn zu jedem Satz ein grundlegender Aspekt der Charakterisierung des Tyrannen erwähnt und jeweils zwei rhetorische Auffälligkeiten genannt und dazu in Bezug gesetzt werden.

3. *Bevor Sie einen Vergleich vornehmen, müssen Sie den Gehalt des betreffenden Satzes erläutern und dazu lateinische Textstellen anführen. Rhetorische Beobachtungen sind hier zwar nicht gefordert, können aber als Zusatz in Klammern erwähnt werden. Auch wenn Ihnen der Zusammenhang, aus dem das beigefügte Zitat stammt (es handelt sich um einen Auszug aus der Staatsdefinition Ciceros in 1, 39), nicht sofort klar sein sollte, können Sie mit den Begriffen etwas anfangen. Ziehen Sie das Wörterbuch hinzu und erläutern Sie die Aussage. Stellen Sie dann Gemeinsamkeiten bzw. Unterschiede dar und nehmen Sie Bezug auf die Thematik des Textes.*

(Anforderungsbereich II–III)

In den Zeilen 11–13 fasst Cicero (in einer rhetorischen Frage) das Ergebnis der vorhergehenden Charakterisierung des Tyrannen zusammen: Der Tyrann kann nicht mehr als Mensch bezeichnet werden (*quis … hunc hominem rite dixerit*, Z. 11), da er eine Gemeinschaft mit seinen Mitbürgern (*cum suis civibus*, Z. 11) bzw. mit der ganzen Menschheit (*cum omni hominum genere*, Z. 11 f.) bewusst ablehnt (*nullam … communionem … velit*, Z. 12 f.). (Die Anaphern *qui* und *nullam* sowie der Parallelismus im Aufbau der Aussagen unterstützen diesen Aspekt.) (2 Punkte)
Das beigefügte Zitat stammt aus der Staatsdefinition, die Cicero im 1. Buch des Werkes *De re publica* vornimmt. Nachdem er ausgeführt hat, dass der Staat *(res publica)* die Sache des Volkes sei, definiert er, was man unter einem Volk zu verstehen hat: Ein Volk ist eine Gruppe, die sich gesellschaftlich zusammengeschlossen hat *(coetus multitudinis … sociatus)*, wobei der Zusammenschluss auf einer gemeinsamen Rechtsgrundlage *(iuris consensus)* und auf einer Gemeinschaft im/zum gegenseitigen Nutzen *(utilitatis communio)* beruht. (2 Punkte)
Der Begriff der Rechtsgemeinschaft erscheint im vorliegenden Text als *iuris communio* (Z. 12) und ist somit gleichzusetzen, während die Verbundenheit im gegenseitigen Nutzen weiter gefasst ist; der Ausdruck *humanitatis societas*

(Z. 12) bedeutet eine Gemeinschaft, die alle menschlichen Belange berücksichtigt und daher als menschliche Verbundenheit bezeichnet werden kann. (2 Punkte)

Da der Tyrann nur seine eigene Rechtsordnung akzeptiert und seinen eigenen Vorteil verfolgt, grenzt er sich aus der staatlichen Gemeinschaft aus und kann als Staatslenker nicht akzeptiert werden. Die Konsequenz ist, dass er abgesetzt werden muss, wie es mit Tarquinius Superbus geschehen ist. (2 Punkte)

Hinweis zur Bewertung: Die Hälfte der Punktzahl wird erreicht, wenn die Aussage der Zeilen 11 ff. sowie das beigefügte Zitat in Grundzügen erfasst und erläutert worden sind; außerdem müssen die Kernbegriffe genannt sein. Ein Bezug zur Thematik des vorgelegten Textes sollte am Schluss deutlich werden.

Klausuren Latein
Übungsaufgabe 10: Cicero II

Text

Der Text entstammt Ciceros staatsphilosophischer Schrift De re publica.

Eos viros, qui urbibus consilio atque auctoritate praesunt, iis, qui omnis negotii publici expertes sunt, longe anteponendos esse puto. Et quoniam maxime rapimur ad opes generis humani augendas studemusque nostris consiliis et laboribus tutiorem et opulentiorem vitam hominum reddere, teneamus eum cursum neque ea signa audiamus, quae receptui canunt!
His rationibus tam certis tamque illustribus opponuntur ab iis, qui contra disputant, primum labores, qui in re publica defendenda sustinendi sint: (id est) leve sane impedimentum vigilanti et industrio viro neque solum in tantis rebus sed etiam in mediocribus vel studiis vel officiis vel etiam negotiis comtemnendum (est).
Adiunguntur pericula vitae turpisque ab his formido mortis fortibus viris opponitur, *quibus magis id miserum videri solet natura se consumi et senectute, quam sibi dari tempus, ut possint eam vitam, quae tamen esset reddenda naturae, pro patria potissimum reddere.*

(108 Wörter, ohne die übersetzte Textstelle Z. 11–13)

Übersetzungshilfen

Z. 1	urbs = civitas
	consilium: *hier:* politische Einsicht
Z. 2	rapi: *hier:* dazu gedrängt/getrieben werden
Z. 3	opes generis humani: die materiellen Grundlagen des menschlichen Daseins
	consilia et labores: geistiger und körperlicher Einsatz
Z. 4 f.	ea signa, quae receptui canunt: die Signale, die zum Rückzug blasen *(dem miltärischen Bereich entnommen)*
Z. 6	contra disputare: Gegengründe vorbringen
Z. 7	sane: in der Tat
Z. 11 ff.	*Übersetzung des kursiv gesetzten Abschnitts: „denen die Tatsache erbärmlicher zu scheinen pflegt, durch den natürlichen Alterungsprozess verbraucht zu werden, als dass ihnen Zeit gegeben werde, das Leben, das schließlich doch irgendwann einmal der Natur zurückgegeben werden müsse, in erster Linie für das Vaterland opfern zu können“.*

Aufgabenstellung

I. Übersetzen Sie den lateinischen Text ins Deutsche.

II. Bearbeiten Sie folgende Interpretationsaufgaben:

1. Nennen Sie die politischen Einstellungen, mit denen sich Cicero hier auseinandersetzt, und führen Sie diese auf ihre jeweilige philosophische Grundhaltung zurück. (6 Punkte)

2. Stellen Sie aus den Zeilen 1–2 und 6–10 lateinische Begriffe zusammen, die für die Vertreter der jeweiligen politischen Einstellung stehen, und weisen Sie nach, dass der Autor durch die Wortwahl deutlich „Partei ergreift".
(16 Punkte)

3. Untersuchen Sie die Funktion der Aussagen des Satzes in den Zeilen 2–5 und zeigen Sie, wie der Autor diese durch Verwendung sprachlich-stilistischer Mittel unterstützt. (14 Punkte)

Lösungsvorschläge

I. Übersetzung

Beim vorliegenden Text müssen Sie mit Begriffen rechnen, die zum Sachfeld „Staat" gehören. Aus der Cicero-Lektüre wissen Sie, dass der Autor eine positive Haltung zum Staat bzw. zum Einsatz im Staat hat; entsprechend konnotierte Wörter werden Ihnen begegnen. Bei der Satzanalyse sollten Sie auf den typischen Cicero-Stil achten: Lange Satzperioden werden durch parallelen Aufbau von Teilsätzen und Wortblöcken – Letztere sind auch durch den Gebrauch von Synonymen zur Verstärkung und/oder durch die Verbindung mit beiordnenden Konnektoren gekennzeichnet – gegliedert. Machen Sie diese Übersichtlichkeit durch entsprechende Zeichen schon beim ersten Durchlesen des Textes deutlich. Weiter ist Ihnen bekannt, dass Cicero gerne den Pluralis maiestatis *bzw.* modestiae *verwendet und metaphorische Ausdrücke aus anderen Bereichen nimmt, um einen Gedanken zu verstärken (vgl. Sie z. B. die Übersetzungshilfe zu Z. 4 f.).*

(Anforderungsbereich III)

Ich bin der Meinung, dass diejenigen Männer, die mit politischer Einsicht und Ansehen an der Spitze von Staaten stehen/Staaten leiten, denen, die frei von jeder politischen Tätigkeit sind, bei Weitem vorgezogen werden müssen. Und da wir ja ganz besonders dazu gedrängt werden, die materiellen Grundlagen des menschlichen Daseins zu vermehren/zu fördern, und uns bemühen, durch unseren geistigen und körperlichen Einsatz das Leben der Menschen sicherer und reicher zu machen, lasst uns diesen Kurs beibehalten und nicht auf die Signale hören, die zum Rückzug blasen!

Diesen so sicheren/begründeten und so einleuchtenden Überlegungen werden von denjenigen, die Gegengründe vorbringen, als Erstes die Mühen/Strapazen entgegengestellt, die bei der Verteidigung/beim Schützen des Staates ausgehalten werden müssen: Dieses ist in der Tat ein geringfügiges Hindernis für einen wachsamen und eifrigen Mann und muss nicht nur bei so bedeutenden Dingen, sondern auch bei weniger wichtigen (Dingen), seien es/entweder Bestrebungen oder Pflichten oder Tätigkeiten, gering geschätzt werden. Hinzugefügt werden die Gefahren für das Leben und die schändliche Furcht vor dem Tod wird tapferen Männern entgegengehalten, *denen die Tatsache erbärmlicher zu scheinen pflegt, durch den natürlichen Alterungsprozess verbraucht zu werden, als dass ihnen Zeit gegeben werde, das Leben, das schließlich doch irgendwann einmal der Natur zurückgegeben werden müsse, in erster Linie für das Vaterland opfern zu können.*

Cicero, De re publica 1, 3 f.

II. Interpretationsaufgaben

1. *Bei Aufgabe 1 reicht es, wenn Sie die alternativen politischen Einstellungen und die entsprechenden Lebensformen sowie die philosophischen Grundhaltungen umschreiben, wobei Sie Ihr Sachwissen einbringen sollten.*
(Anforderungsbereich I–II)

Nach Cicero gibt es zwei alternative Haltungen für einen Staatsbürger:
Er kann sich politisch engagieren und damit die Lebensform des *negotium* propagieren, die beinhaltet, dass man einer politischen Tätigkeit nachgeht und sich entsprechend seinen Möglichkeiten für den Staat einsetzt; diese Haltung vertreten die Stoiker, die grundsätzlich das politische Engagement befürworten, es sei denn, sie werden durch äußere Umstände daran gehindert.
(3 Punkte)
Die andere Möglichkeit ist die der politischen Zurückhaltung, die der Lebensform des *otium* entspricht; das bedeutet, dass man sich nicht politisch engagiert, sondern seinen privaten, z. B. literarischen oder philosophischen Interessen nachgeht. Diese Haltung vertreten die Epikureer, die grundsätzlich politische Tätigkeit ablehnen, außer wenn äußere Umstände sie dazu zwingen, ihre Zurückgezogenheit vorübergehend aufzugeben. (3 Punkte)

Hinweis zur Bewertung: Die Hälfte der Punktzahl wird erreicht, wenn die beiden Alternativen unterschieden und den Lebensformen *negotium* und *otium* erläuternd zugeordnet sowie die philosophischen Richtungen zumindest genannt worden sind.

2. *Von der Cicero-Lektüre her wissen Sie, dass Cicero ein „Vollblutpolitiker" war, und kennen seine Einstellung zu politischem Engagement. Sie müssen auf die Ergebnisse der 1. Aufgabe zurückgreifen und die jeweiligen lateinischen Begriffe sammeln und zuordnen. Die Wortwahl ist gemäß der Aufgabenstellung zu deuten und zu werten.* *(Anforderungsbereich I–III)*

Vertreter des *negotium*	Vertreter des *otium*
• *qui urbibus praesunt* (Z. 1) • *consilio atque auctoritate* (Z. 1) • *vigilanti et industrio viro* (Z. 8) • *fortibus viris* (Z. 10)	• *qui omnis negotii publici expertes sunt* (Z. 1 f.) • *qui contra disputant* (Z. 6) • *opponuntur ... labores* (Z. 6 f.) • *adiunguntur pericula vitae* (Z. 10) • *turpis formido mortis ab his opponitur* (Z. 10)

(4 Punkte)

Dass Cicero eindeutig die politisch Engagierten der anderen Gruppe vorzieht, macht er in der folgenden Aussage deutlich: *eos viros, qui urbibus ... praesunt, ... longe anteponendos esse puto* (Z. 1 f.); die Gerundivkonstruktion, verstärkt durch das Adverb *longe,* wirkt wie eine These, die kaum zu widerlegen ist. (2 Punkte)
Für die Anhänger des *otium* verwendet Cicero Ausdrücke, die abschätzig klingen; er bezeichnet sie als diejenigen, die „frei von jeder öffentlichen Tätigkeit sind“ (*omnis negotii publici expertes,* Z. 1 f.), sich also in keiner Weise öffentlich engagieren; ferner rechnet er sie zu denjenigen, die „Gegengründe vorbringen“ (*qui contra disputant,* Z. 6), d. h., sie sind in seinen Augen Leute, die versuchen, ihre Nicht-Tätigkeit mit allen möglichen Argumenten zu rechtfertigen. Dabei führen sie Aspekte an, die nur in ihren Augen ein Hindernis darstellen, nämlich *labores* (Z. 7), *pericula vitae* und *formido mortis* (Z. 10). Cicero wertet ihre Argumentation ab durch die Wahl der Verben *opponere* (Z. 6, 10) und *adiungere* (Z. 10) sowie besonders durch das Attribut *turpis* (Z.10) bei *formido mortis.* (5 Punkte)
Auf der anderen Seite werden die Vertreter des *negotium* sehr positiv dargestellt: Cicero weist denjenigen, „die an der Spitze von Staaten stehen“ (*qui urbibus ... praesunt,* Z. 1), Eigenschaften zu, die zu erfolgreicher politischer Tätigkeit befähigen, nämlich „politische Einsicht/Vernunft“ *(consilium)* und „Ansehen/Einfluss“ *(auctoritas)*; auch an anderer Stelle werden die politisch Engagierten positiv charakterisiert, z. B. in Zeile 8 mit dem Ausdruck *vigilanti et industrio viro*, in dem die Adjektive ein Hendiadyoin bilden, oder mit dem Attribut *fortibus* (Z. 10). Es fällt auf, dass diese Gruppe als besonders aktiv im Leben stehend gekennzeichnet wird, während die andere eher passiv ist und nur munter wird, wenn es gilt, öffentliches Engagement abzulehnen. So sind die alternativen Bezeichnungen *vita activa* für das *negotium* und *vita passiva* (oder *contemplativa*) für das *otium* sehr zutreffend. (5 Punkte)

Hinweis zur Bewertung: Die Hälfte der Punktzahl wird erreicht, wenn die Begriffe für beide Seiten genannt und in Ansätzen hinsichtlich der Wortwahl bewertet wurden.

3. *Dass der Satz der Zeilen 2–5 einen besonderen Stellenwert hat, haben Sie schon bei einem Blick in die Übersetzungshilfen und bei der anschließenden Textarbeit gemerkt. Schauen Sie sich daraufhin noch einmal Ihre Übersetzung an: Haben Sie die Form der Hauptsatzprädikate und das Ausrufezeichen beachtet? Arbeiten Sie die inhaltlichen und sprachlichen Merkmale der Textstelle umfassend heraus.* *(Anforderungsbereich II–III)*

Die Zeilen 2–4a stellen eine philosophische Begründung und damit Überhöhung des politischen Engagements dar: Die Begründung wird eingeleitet mit *et quoniam* und folgt direkt auf die These, dass politisch Tätige den Untätigen vorgezogen werden müssten. Die *vita activa* bzw. das *negotium* als Einsatz für die Gesellschaft ist der menschlichen Art angemessen, sie ist sozusagen ein Naturtrieb, was durch den **bildhaften Ausdruck** *maxime rapimur* (Z. 2) verdeutlicht wird. Auch das **positiv konnotierte** Verb *studemus* (Z. 3), das durch die Ablative *nostris consiliis et laboribus* (Z. 3), die als **Hendiadyoin** aufzufassen sind, zusätzlich aufgewertet wird, kennzeichnet das Bestreben des Menschen, mit vollem Einsatz für den Mitmenschen tätig zu sein. Dieser Gedanke entspricht den Vorstellungen der Stoa, die politisches Engagement mit der inneren Verwandtschaft der Menschen nicht nur rechtfertigt, sondern sogar fordert. Der Gebrauch des **Pluralis maiestatis** zeigt, wie sehr Cicero sich hier einbringt und sich mit den ebenso Denkenden identifiziert. (6 Punkte)
Das **Ziel**, das angestrebt wird, ist eine Verbesserung der Bedingungen des menschlichen Lebens. Dies wird in **Variation** durch zwei Wendungen umschrieben, die gedanklich vergleichbar sind: ***ad opes generis humani*** *augendas* (Z. 2f.) und *tutiorem et opulentiorem* ***vitam hominum*** *reddere* (Z. 3f.). (2 Punkte)
Aus der obigen Begründung ergibt sich in den Zeilen 4b–5 die Aufforderung, den einmal eingeschlagenen Weg des *negotium* beizubehalten – trotz des Vorhandenseins von Gegenstimmen. Diese Aufforderung gestaltet Cicero besonders eindrucksvoll durch die **Hortative** *teneamus … neque … audiamus* (Z. 4f.), wodurch er sich und alle Gleichdenkenden einschließt. Sie wird durch **Metaphern** verstärkt – einmal aus dem Bereich der Seefahrt (*teneamus eum cursum,* Z. 4) für die Fortsetzung der aktiven Tätigkeit und dann aus dem militärischen Bereich (*neque ea signa audiamus, quae receptui canunt,* Z. 4f.) für die Gegenstimmen. Die Hortative werden zusätzlich durch die Wortstellung hervorgehoben; es handelt sich um einen **Chiasmus**, bei dem die jeweiligen Objekte in der Mitte und die Aufforderungen an den betonten Außenstellen stehen. (6 Punkte)

Hinweis zur Bewertung: Die Hälfte der Punktzahl wird erreicht, wenn die drei Aspekte „Begründung", „Ziel" und „Aufforderung" dem *negotium* begründet zugeordnet und mindestens vier sprachlich-stilistische Besonderheiten im Textzusammenhang gedeutet worden sind.

Klausuren Latein
Übungsaufgabe 11: Cicero III

Text

Im vorliegenden Text aus dem philosophischen Werk De officiis *setzt sich Cicero mit der Frage „Politisches Engagement – ja oder nein?" auseinander.*

Facilior et tutior et minus aliis gravis aut molesta vita est otiosorum, fructuosior autem hominum generi et ad claritatem amplitudinemque aptior (vita est) eorum, qui se ad rem publicam et ad magnas res gerendas accommodaverunt.

Quapropter et iis forsitan concedendum sit rem publicam non capessentibus, qui excellenti ingenio doctrinae sese dediderunt, et iis, qui aut valetudinis imbecillitate aut aliqua graviore causa impediti a re publica recesserunt, cum eius administrandae potestatem aliis laudemque concederent.

Sed iis, qui habent a natura adiumenta rerum gerendarum, *abiecta omni cunctatione* adipiscendi magistratus et gerenda res publica est. […]

Capessentibus autem rem publicam *nihilo minus quam* philosophis – *haud scio an magis etiam* – et magnificentia et despicientia adhibenda sit rerum humanarum et tranquillitas animi atque securitas.

(107 Wörter, ohne die übersetzten Textstellen Z. 8, 10 f.)

Übersetzungshilfen

Z. 4 f.	*Wortstellung:* Quapropter et iis, qui … dediderunt, forsitan concedendum sit rem publicam non capessentibus et iis, qui …
Z. 4	forsitan *(m. Konjunktiv):* vielleicht
	concedere *(m. Dat.):* Nachsicht haben *(mit jemandem)*
	non capessentibus: *übers. durch einen Gliedsatz mit:* wenn sie …
Z. 6	cum *(m. Konjunktiv):* wobei
	eius: *gemeint:* rei publicae
Z. 7	potestas, -atis, f.: *hier:* Möglichkeit
	Wortstellung: … potestatem laudemque aliis
Z. 8	adiumentum, -i: *hier:* Voraussetzung
	res gerendae: politische Tätigkeit
	Übersetzung des kursiv gesetzten Abschnitts: „ohne jedes Zögern"
Z. 9	adipiscendi: *ergänzen Sie* sunt
Z. 10	capessentibus: *attributiv gebraucht; ergänzen Sie* iis
	nihilo minus quam: ebenso sehr wie
Z. 10 f.	*Übersetzung des kursiv gesetzten Abschnitts: „vielleicht sogar in noch größerem Maße"*
Z. 11	adhibenda sit: *der Konjunktiv ist als Indikativ zu übersetzen*

Aufgabenstellung

I. Übersetzen Sie den lateinischen Text ins Deutsche.

II. Bearbeiten Sie folgende Interpretationsaufgaben:

1. Benennen und beschreiben Sie die beiden Lebensformen, die Cicero einander gegenüberstellt, und ordnen Sie ihnen charakteristische Begriffe aus dem Text zu. (12 Punkte)

2. a) Erörtern Sie die in der Einführung zum Übersetzungstext genannte Themafrage anhand der Zeilen 4–9 und unter Bezugnahme auf Ciceros persönliche Lebensumstände. (16 Punkte)
   b) Erläutern Sie, inwiefern der Autor hier die Vorstellungen der Stoa vertritt, und stellen Sie die Haltung der Epikureer gegenüber. (10 Punkte)

3. Interpretieren Sie die Zeilen 10–12. Nehmen Sie Stellung zu der Ansicht, die Cicero hier vertritt. (14 Punkte)

Lösungsvorschläge

I. Übersetzung

Sie haben einen Cicero-Text vor sich liegen; da empfiehlt es sich, beim ersten Durchlesen auf die Gestaltung der meist längeren Satzeinheiten zu achten und die typischen ciceronischen Satzperioden aufzulösen, indem man Konnektoren wie et … et *oder* aut … aut *optisch hervorhebt, aber auch Aufzählungen deutlich macht und parallele Wortgruppen kennzeichnet. Kreisen Sie Konnektoren am Anfang von Sätzen oder Teilsätzen, die eine logische Abfolge der Gedanken wie Folgerung oder Gegensatz beinhalten, ein. Auf diese Weise verschaffen Sie sich schon vor der eigentlichen Satzanalyse einen ersten Überblick.*
Beachten Sie bei der Satzanalyse die Verwendung von Partizipialkonstruktionen sowie attributiven und prädikativen Gerundivkonstruktionen; bei Letzteren können Sie evtl. mit einem Dativus auctoris rechnen. Da es in diesem Text um den Bereich der politischen Tätigkeit geht, wie Sie dem Texthinweis entnehmen können, ist mit Begriffen aus dem Sachfeld „Staat und Staatsdienst" zu rechnen, die Sie vielleicht schon aus der Lektüre von Ciceros Schrift De re publica *kennen. Befragen Sie hierzu auch das Wörterbuch, um ganz sicher zu sein. Es ist möglich, dass Sie auf Wortkombinationen stoßen, die hier im Text vorliegen.*
(Anforderungsbereich III)

Leichter und sicherer und weniger beschwerlich oder lästig für andere ist das Leben der Müßigen, nützlicher aber für das Menschengeschlecht/die Menschheit und für Ruhm und Ansehen geeigneter ist das Leben derjenigen, die sich dem Staat und der Ausführung bedeutender Aufgaben gewidmet haben.

Deshalb muss man vielleicht sowohl mit denen, die sich aufgrund hervorragender Begabung der Wissenschaft gewidmet haben, Nachsicht haben, wenn sie keine Staatsgeschäfte übernehmen, als auch mit denen, die sich, weil sie entweder durch gesundheitliche Schwäche oder durch irgendeinen gewichtigeren Grund verhindert sind, von der Politik zurückgezogen haben, wobei sie die Möglichkeit und den Ruhm der Verwaltung des Staates anderen überließen.
Aber diejenigen, die von Natur aus die Voraussetzungen für politische Tätigkeit haben, müssen *ohne jedes Zögern* öffentliche Ämter übernehmen und den Staat leiten. [...]
Diejenigen aber, die die politische Laufbahn einschlagen, müssen *ebenso sehr wie* die Philosophen – *vielleicht sogar in noch größerem Maße* – sowohl Großherzigkeit als auch Geringschätzung der menschlichen Dinge sowie Seelenruhe und Gelassenheit an den Tag legen/zeigen.

Cicero, De officiis 1,70–72 (mit Auslassungen)

II. Interpretationsaufgaben

1. *Hier ist der ganze Text auf charakteristische, aber neutrale Begriffe für die beiden Lebensformen bzw. ihre Vertreter hin zu durchforsten. Bei der Benennung der Lebensformen greifen Sie auf Begriffe zurück, die Ihnen aus der Behandlung des Themas im Unterricht bekannt sind. Schlagen Sie diese auch noch einmal im Wörterbuch nach und nutzen Sie die dort vorhandenen Definitionen für Ihre Ausführungen.* *(Anforderungsbereich I–II)*

Cicero stellt im vorliegenden Text zwei hinsichtlich der Haltung zum Einsatz im Staatsdienst einander entgegengesetzte Lebensformen gegenüber: das *otium,* das ein Leben ohne politische Tätigkeit, aber in Beschäftigung mit Bereichen wie Literatur oder Wissenschaften beinhaltet – es ist also nicht ein Leben in Müßiggang oder Nichtstun gemeint –, und das *negotium,* das wörtlich „Nicht-Muße" bedeutet und Tätigkeit im Sinne politischer Aufgabe/politischen Einsatzes beinhaltet. Entsprechend ist das *otium* mit der *vita contemplativa* gleichzusetzen und das *negotium* mit der *vita activa.* (4 Punkte)
Das *otium* wird im Text mit *vita ... otiosorum* (Z. 1) bezeichnet. Die *otiosi* sind diejenigen, die ihre freie Zeit den Privatinteressen widmen und nicht die politische Laufbahn einschlagen (*rem publicam non capessentibus,* Z. 4), bzw. diejenigen, die sich aus der Politik zurückgezogen haben (*a re publica recesserunt,* Z. 6). Zu ihnen rechnet Cicero auch die Philosophen (*philosophis,* Z. 10). (4 Punkte)
Das *negotium* wird umschrieben mit *(vita ...) eorum, qui se ad rem publicam ... accommodaverunt* (Z. 2 f.). Der Einsatz für den Staat wird mit verschiedenen Begriffen benannt: z. B. *eius (= rei publicae) administrandae potestatem* (Z. 6 f.) und *adipiscendi magistratus et gerenda res publica est* (Z. 9) sowie *capessentibus ... rem publicam* (Z. 10) als Gegensatz zu dem gleichen, aber verneinten Begriff in Z. 4 (s. o.). (4 Punkte)

Hinweis zur Bewertung: Die Hälfte der Punktzahl wird erreicht, wenn für die beiden Lebensformen jeweils eine zutreffende Bezeichnung genannt und beide Bereiche im Wesentlichen beschrieben worden sind. Ferner sollten mindestens vier charakteristische Textstellen erläuternd zugeordnet worden sein.

2. a) *Die Themafrage ist anhand der Auseinandersetzung mit den Aussagen der Zeilen 4–9 zu diskutieren und lässt sich im Sinne Ciceros eindeutig beantworten. Zudem wird eine persönliche Stellungnahme gefordert. Über Ciceros eigene Lebensumstände, die in diesem Zusammenhang zu berücksichtigen sind, haben Sie sich im Rahmen der Lektüre das notwendige Hintergrundwissen verschafft. Denken Sie daran, dass Sie Ihre Ausführungen durch Textbelege stützen.* *(Anforderungsbereich III)*

Cicero stellt die These auf, dass die Frage „Politisches Engagement – ja oder nein?" mit „ja" zu beantworten sei. Er befürwortet grundsätzlich das *negotium*, die *vita activa* als Dienst am Staat. (2 Punkte)
In den Zeilen 4–7 führt er allerdings die Ausnahmen an, die ein Leben im *otium* rechtfertigen. Es gibt Entschuldigungsgründe, die man akzeptieren kann (*forsitan concedendum sit rem publicam non capessentibus,* Z. 4). Dazu gehört zunächst eine besondere Begabung, die zu wissenschaftlicher Tätigkeit herausfordert (*qui excellenti ingenio doctrinae sese dediderunt,* Z. 4 f.). Weiter kann eine schwache Gesundheit dazu führen, dass sich jemand aus der Politik zurückzieht (*qui … valetudinis imbecillitate … impediti a re publica recesserunt,* Z. 5 f.). Cicero akzeptiert noch eine dritte Hinderungsmöglichkeit, die er nur umschreibt, aber nicht näher ausführt: *aliqua graviore causa impediti* (Z. 6). Er sagt nicht, was er unter einem „schwerwiegenderen Grund" versteht. (4 Punkte)
Hier lässt sich ein Bezug zu Ciceros persönlichen Lebensumständen herstellen. Denn er, der für sich immer die *vita activa* des Politikers der *vita contemplativa* des Philosophen vorzog, musste gezwungenermaßen mehrmals die politische Tätigkeit aufgeben, da ihn widrige Umstände hinderten. Im Jahre 58 v. Chr. wurde er, da man ihm nachträglich gesetzeswidriges Vorgehen während seiner Konsulatszeit im Jahre 63 v. Chr. bei der Bestrafung der Catilinarier ankreidete, in die Verbannung geschickt, aber nach einem Jahr wieder zurückgerufen. Unter der Herrschaft Caesars und seines Nachfolgers Antonius wurde er nicht nur politisch kaltgestellt, sondern sah auch die Ideale der *res publica* zunehmend schwinden. Jedoch war Cicero in der Zeit der erzwungenen politischen Untätigkeit indirekt für den Staat tätig, indem er z. B. philosophische Werke über den Staat schrieb und Anweisungen für Politiker gab. (6 Punkte)
In dem Satz der Zeilen 8 f., der mit *sed* eingeleitet wird, stellt Cicero daher die Forderung auf, dass alle, die die Voraussetzungen für politische Tätigkeit mitbringen (*qui habent a natura adiumenta rerum gerendarum,* Z. 8), sich für den Staat engagieren müssen (*adipiscendi magistratus et gerenda res publica est,* Z. 9). (2 Punkte)

Diese Forderung lässt sich auch heute stellen, zwar nicht im Sinne der Übernahme politischer Ämter, aber z. B. im Sinne der politischen Verantwortung bei Umweltfragen und der Hilfsbereitschaft bzw. Hilfeleistung in Krisenfällen. Als Mitglied einer Gemeinschaft muss sich der Einzelne, soweit es ihm möglich ist, für diese einsetzen, wobei der globale Aspekt eine immer größere Bedeutung einnimmt. (2 Punkte)

Hinweis zur Bewertung: Die Hälfte der Punktzahl wird erreicht, wenn die Themenfrage im Sinne Ciceros beantwortet worden ist und die Textaussagen in Grundzügen analysiert worden sind. Zudem sollte 1 Aspekt der Lebensumstände Ciceros in dem geforderten Zusammenhang angeführt worden sein.

b) *Philosophisches Grundwissen über Stoa und Epikureismus haben Sie im Unterricht im Rahmen der Auseinandersetzung mit Ciceros Werk* De re publica *und/oder Senecas* Epistulae morales *erworben. Auf dieses Wissen sollen Sie hier unter dem Aspekt „Politisches Engagement – ja oder nein?" zurückgreifen.* *(Anforderungsbereich II–III)*

Ciceros Argumentation entspricht den Vorstellungen der Stoa. Die Stoiker sehen das *negotium* als grundsätzliche Verpflichtung an, da der Mensch als Mitglied der menschlichen Gemeinschaft sich in dieser und für diese engagieren muss. Dass Cicero der Stoa nahesteht, sieht man auch am Anführen von Hinderungsgründen, die dem stoischen Gedankengut entnommen sind und als Einzige akzeptiert werden, wenn man sich von der Politik abwendet und sich damit seiner gesellschaftlichen Verpflichtung entzieht. Allerdings sieht die Stoa auch die Möglichkeit vor, sich der gesellschaftlichen Verantwortung zu stellen, indem man sein philosophisches Wissen anderen nahebringt und diese dadurch auf den Weg zur *virtus,* der rechten sittlichen Haltung, bringt. Nach Cicero aber ist diese Tätigkeit nur akzeptabel, wenn man am aktiven Einsatz gehindert wird. (5 Punkte)
Hinsichtlich des politischen Engagements zeigen die Epikureer eine der Stoa entgegengesetzte Einstellung. Nach dem Motto „Lebe im Verborgenen!" *(lathe biosas!)* bevorzugen sie das *otium,* ein Leben in Zurückgezogenheit. Eine politische Tätigkeit ist für sie mit Unruhe und Belastungen verbunden, die sie meiden möchten. Sie widmen sich lieber ihren privaten Interessen, d. h. der Beschäftigung mit Philosophie und dem Zusammensein mit gleichgesinnten Freunden. Nur wenn dieses Leben in Ruhe durch widrige politische Verhältnisse gestört werden sollte, sind sie bereit, sich für kurze Zeit politisch zu engagieren. (5 Punkte)

Hinweis zur Bewertung: Die Hälfte der Punktzahl wird erreicht, wenn deutlich gemacht worden ist, dass es Übereinstimmungen bei Cicero und der Stoa gibt und zwei Aspekte dazu angeführt worden sind. Hinsichtlich der Epikureer sollten der grundlegende Unterschied zur Stoa erwähnt und ebenfalls zwei Aspekte angeführt worden sein.

3. *Es gilt, die Besonderheit dieser Zeilen, die sich durch eine Häufung abstrakter Begriffe auszeichnen, herauszustellen und zu deuten. Die Methode, nach der Sie vorgehen, wählen Sie selbst aus. Sie sollten aber auch deutlich machen, wie Inhalt und Form zusammenwirken. Anschließend sind Sie aufgefordert, Ihre persönliche Meinung zu äußern.* *(Anforderungsbereich II–III)*

In den Zeilen 10–12 wird ein Katalog von Tugenden aufgestellt, die man sowohl bei den Stoikern als auch bei den Epikureern findet. Cicero unterscheidet diese Gruppen hier nicht, sondern bezeichnet sie allgemein mit dem Begriff *philosophi* (Z. 10). Die Besonderheit ist aber, dass er diese Werthaltungen hier den Politikern zuspricht und sie als Anforderung aufstellt, die von Letzteren in höherem Maße als von den Philosophen geleistet werden muss (*capessentibus ... rem publicam nihilo minus quam philosophis – haud scio an magis etiam – ... adhibenda sit,* Z. 10 f.). (3 Punkte)
Bei der Auflistung der Wertbegriffe, die **polysyndetisch** mit *et* aneinandergereiht werden, wodurch jeder die gleiche Rangordnung erhält, handelt es sich um die Tugenden, die man von jemandem erwartet, der gemäß den Forderungen der Philosophie leben möchte. Dazu gehören Seelengröße/innere Größe (*magnificentia,* Z. 11) und die Unabhängigkeit von äußeren Gütern, den *adiaphora* (*despicientia ... rerum humanarum,* Z. 11) – durch das **Hyperbaton** werden diese betont –, sowie die innere Gelassenheit, mit der man allem Geschehen gegenübertritt (*tranquillitas animi atque securitas,* Z. 12). Letzteres wird durch die Formulierung als **Hendiadyoin** und die auffällige Schlussstellung besonders hervorgehoben. (6 Punkte)
Man kann Ciceros Ansicht, dass ein Politiker die genannten Tugenden in höherem Maße an den Tag legen muss, zustimmen. Philosophen bzw. Menschen, die sich nicht in der Öffentlichkeit engagieren, müssen sich nicht täglich neu bewähren. Sie sind nur sich selbst Rechenschaft schuldig. Dagegen bieten die Politiker eine größere Angriffsfläche; sie sind mehr Aufregungen ausgesetzt und müssen eventuell Rückschläge hinnehmen; je höher sie aufsteigen, umso tiefer können sie fallen. Demnach ist es auch ein Eigenschutz, wenn sie die beschriebene philosophische Grundhaltung angesichts der an sie gestellten Anforderungen an den Tag legen. (5 Punkte)

Hinweis zur Bewertung: Die Hälfte der Punktzahl wird erreicht, wenn deutlich gemacht worden ist, dass der Autor den Politikern Tugenden der Philosophen abverlangt, und seine Darstellung inhaltlich und formal in Grundzügen analysiert und gewertet worden ist. Weiterhin sollte eine begründete Stellungnahme erfolgen und in diesem Zusammenhang jeweils ein charakteristischer Aspekt für beide Gruppen angeführt worden sein.

Klausuren Latein
Übungsaufgabe 12: Seneca I

Text

Der Text entstammt Senecas Epistulae morales ad Lucilium. *Nachdem er über Schicksalsschläge aller Art gesprochen hat, fährt er folgendermaßen fort:*

Effugere ista non potes, contemnere potes. Contemnes autem, si saepe cogitaveris et futura praesumpseris. *Nemo non fortius ad id, cui se diu composuerat, accessit et duris quoque, si praemeditata erant, obstitit. At contra imparatus etiam levissima expavit.* Id agendum est, ne quid nobis inopinatum sit.
„Servi me reliquerunt.“ Alium compilaverunt, alium accusaverunt, alium occiderunt, alium prodiderunt, alium calcaverunt, alium veneno, alium criminatione petiverunt: *Quicquid dixeris, multis accidit. Nihil miremur eorum, ad quae nati sumus, quae ideo nulli querenda, quia paria sunt omnibus.* Imperetur aequitas animo et sine querela mortalitatis tributa pendamus.
Hiems frigora adducit: algendum est. Aestas calores refert: aestuandum est. Intemperies caeli valetudinem temptat: aegrotandum est. Et fera nobis aliquo loco occurret et homo perniciosior feris omnibus. Aliud aqua, aliud ignis eripiet. Hanc rerum condicionem mutare non possumus. Illud possumus: magnum sumere animum et viro bono dignum, quo fortiter fortuita patiamur et naturae consentiamus.

(103 Wörter, ohne die übersetzten Textstellen Z. 2 ff., 7 f.)

Übersetzungshilfen

Z. 1 ista: diese Dinge/Schicksalsschläge
Z. 2–4 *Übersetzung des kursiv gesetzten Abschnitts: „Jeder geht tapferer an das heran, worauf er sich lange eingestellt hat, und stellt sich auch widrigen Dingen entgegen, wenn er sie vorher bedacht hat. Jedoch der darauf Unvorbereitete erschrickt sogar vor den geringfügigsten Dingen.“*
Z. 4 id agere, ne: erreichen, dass nicht
Z. 5 compilare: ausrauben
Z. 6 calcare: mit den Füßen treten/misshandeln
criminatio, -onis, f.: Verleumdung
petere: *hier:* bedrohen
Z. 7 f. *Übersetzung des kursiv gesetzten Abschnitts: „Was du auch immer anführen könntest, ist schon vielen zugestoßen. Wir wollen uns über keines der Dinge wundern, zu denen wir geboren sind und über die sich deswegen keiner beklagen darf, weil sie für alle gleich sind.“*
Z. 11 intemperies caeli: Unbeständigkeit des Klimas
fera, -ae: wildes Tier
Z. 13 sumere: *hier:* zeigen/beweisen
animum: *hat zwei Attribute:* magnum *und* dignum
Z. 14 quo: wodurch *(bezieht sich auf* animum *und leitet einen konsekutiven Relativsatz ein)*

Aufgabenstellung

I. Übersetzen Sie den lateinischen Text ins Deutsche.

II. Bearbeiten Sie folgende Interpretationsaufgaben:

1. a) Stellen Sie kurz die Funktion der *Epistulae morales* im Rahmen des philosophischen Gesamtwerks von Seneca dar. (10 Punkte)
   b) Belegen Sie anhand der Zeilen 1–9 Elemente, die für den Briefstil Senecas charakteristisch sind. (14 Punkte)

2. a) Arbeiten Sie anhand der Aussagen des Abschnitts der Zeilen 1–4 das zentrale Anliegen dieses Briefes heraus und formulieren Sie mit eigenen Worten, welche Forderung Seneca hier aufstellt. Belegen Sie Ihre Ausführungen mit lateinischen Textstellen. (10 Punkte)
   b) Nehmen Sie Stellung zu der Forderung Senecas. (4 Punkte)

3. Weisen Sie im letzten Satz (Z. 13 f.) Gedanken der Stoa nach und setzen Sie diese in Bezug zum Thema des Textes. (6 Punkte)

Lösungsvorschläge

I. Übersetzung

Der Hinführung zum Text können Sie zwei Aspekte entnehmen, die für die Übersetzungsarbeit wichtig sind: Es handelt sich um einen Auszug aus einem der philosophischen Briefe des Stoikers Seneca und er äußert sich über das Schicksal.
Sie kennen aus der Lektürearbeit einige Besonderheiten von Senecas Schreibstil, z. B. die häufige Verwendung der 2. Person Singular, Ausdrücke des Müssens und Nicht-Dürfens, die Einwürfe eines fingierten Sprechers. Da dieser Aspekt in der 1. Interpretationsaufgabe angesprochen wird, soll hier nur daran erinnert werden, worauf Sie sich bei der formalen Texterschließung einstellen müssen.
Denken Sie daran, dass oft substantivierte Pronomina oder Adjektive im Neutrum Plural vorkommen, die entweder durch den Zusatz „Dinge" oder ein vom Kontext her passendes Substantiv wiedergegeben werden oder im Neutrum Singular übersetzt werden müssen.
Gerne verwendet Seneca auch Antithesen ohne einen adversativen Konnektor; wenn Sie entsprechende Aussagen erkannt haben, empfiehlt es sich, einen Konnektor (in Klammern bzw. mit Erklärung als Nachweis) dazuzusetzen.
Inhaltlich werden Sie mit Gedanken der Stoa zur Haltung gegenüber dem Schicksal konfrontiert werden. Achten Sie auf Begriffe aus diesem Sachbereich; ein Tipp: Lesen Sie vor der Übersetzungsarbeit unter diesem Aspekt die Hilfen durch!
(Anforderungsbereich III)

Entgehen kannst du diesen Dingen/Schicksalsschlägen nicht, (aber) gering schätzen kannst du sie. Du wirst sie aber gering schätzen, wenn du sie oft bedenkst/dir oft vorstellst und das Künftige in Gedanken vorwegnimmst. *Jeder geht tapferer an das heran, worauf er sich lange eingestellt hat, und stellt sich auch widrigen Dingen entgegen, wenn er sie vorher bedacht hat. Jedoch der darauf Unvorbereitete erschrickt sogar vor den geringfügigsten Dingen.* Es muss erreicht werden/man muss erreichen, dass nichts für uns unvermutet ist.
„Meine Sklaven haben mich verlassen." Einen anderen haben sie ausgeraubt, einen anderen angeklagt/vor Gericht gebracht, wieder einen anderen getötet, den verraten, den mit den Füßen getreten, den einen mit Gift, den anderen mit Verleumdung bedroht: *Was du auch immer anführen könntest, ist schon vielen zugestoßen. Wir wollen uns über keines der Dinge wundern, zu denen wir geboren sind und über die sich deswegen keiner beklagen darf, weil sie für alle gleich sind.* Der Seele soll Gleichmut auferlegt werden und ohne Klage wollen wir den Tribut *(Sg. statt Pl.)* der Sterblichkeit (= des Menschseins) zahlen.
Der Winter bringt Kälte mit sich: Man muss frieren. Der Sommer bringt die Wärme zurück: Man muss schwitzen. Die Unbeständigkeit des Klimas greift die Gesundheit an: Man muss krank werden.
Und ein wildes Tier wird uns irgendwo begegnen und ein Mensch, der schlimmer ist als alle wilden Tiere. Das eine wird (uns) das Wasser, das andere das Feuer entreißen/rauben. Diese Bedingung der Verhältnisse (= Lebensbedingungen) können wir nicht ändern. Jenes (aber) können wir: Einen hohen und eines guten Mannes würdigen Sinn zeigen, wodurch wir tapfer Zufälliges ertragen und mit der Natur übereinstimmen.

Seneca, ep. 107, 3–7 (mit Auslassungen)

II. Interpretationsaufgaben

1. a) *Es wird erwartet, dass Sie einen Überblick über Senecas philosophisches Werk geben und dann darstellen, mit welcher Intention er seine Briefe an Lucilius verfasst hat.* *(Anforderungsbereich I–II)*

Seneca (4 v. Chr.–65 n. Chr.), der Lehrer des jungen Nero, führte von 54 bis 59 n. Chr. zusammen mit dem Prätorianerpräfekten Burrus die Regierungsgeschäfte des Römischen Reiches, da Nero, der Nachfolger des Kaisers Claudius, noch zu jung war. Als Anhänger der stoischen Philosophie brachte Seneca seine Vorstellungen auch in die Politik ein, sodass die Jahre seiner politischen Aktivität als die besten Jahre der Regierungszeit Neros galten. (2 Punkte)
Schon während seiner politischen Tätigkeit war Seneca auch philosophisch aktiv, indem er Abhandlungen verfasste, die stoisches Gedankengut enthielten. Bei diesen Abhandlungen unterscheidet man drei Trostschriften, die er an reale Personen gerichtet hat (z. B. *Ad Helviam matrem*) und in denen er zur Überwindung der Trauer auffordert, sowie zehn Dialoge, in denen er einen fiktiven Gesprächspartner einführt, der allerdings

nur dazu dient, dass der Philosoph seine Gedanken entfaltet. In den Dialogen geht Seneca auf philosophische Bereiche ein, mit denen sich Menschen bei ihrer Lebensgestaltung auseinandersetzen sollen. Das sieht man an Titeln wie *De brevitate vitae*, *De tranquillitate animi*, *De vita beata*. Als Seneca sich aus Enttäuschung über die negative Entwicklung Neros aus der Politik zurückgezogen hatte, verfasste er die Schrift *De otio*, eine Rechtfertigung der *vita contemplativa* gegenüber der *vita activa*.
(4 Punkte)
Danach entstanden die *Epistulae morales ad Lucilium*, das Spätwerk Senecas, das 124 Briefe umfasst. Senecas Briefe an Lucilius sind keine echten Briefe, sondern philosophische „Essays" in Briefform, die an einen jüngeren Freund gerichtet sind, der sich für Philosophie interessiert. Es werden einzelne Lebensfragen – wie hier z. B. die Haltung gegenüber dem Schicksal – angesprochen bzw. diskutiert und eine von der stoischen Philosophie untermauerte Lösung vorgeschlagen, die meist als Aufforderung formuliert wird. Senecas Anliegen ist es, mit seinen Briefen Lebenshilfe zu geben – Adressat ist nicht nur Lucilius, sondern die Öffentlichkeit, d. h. alle Menschen, die sich mit Grundfragen des Lebens auseinandersetzen bzw. Unterstützung bei der rechten Lebensführung suchen. Dabei zeigt sich Seneca in seinen Ratschlägen nicht überheblich, sondern als jemand, der selbst noch auf dem Weg zum Ziel des stoischen Weisen ist, aber von dieser Warte aus schon Hilfe bieten kann. Er ist Lehrer, der eigene Erfahrungen weitergibt. (4 Punkte)

Hinweis zur Bewertung: Die Hälfte der Punktzahl wird erreicht, wenn das philosophische Gesamtwerk Senecas in einen Bezug zu seinem Leben gesetzt sowie die Unterscheidung in Trostschriften, Dialoge und Briefe vorgenommen worden ist. Die philosophischen Aspekte in seinen Schriften und die besondere Funktion der *Epistulae morales* sollten in Grundzügen deutlich gemacht worden sein.

b) *In den Übersetzungstipps sind schon einige Aspekte zum Schreibstil Senecas genannt worden; hier sollen Sie diese und weitere anführen und anhand des Textes (Z. 1–9) belegen. Dabei ist das pädagogische Anliegen zu berücksichtigen, das gerade in den Briefen verfolgt wird.*

(Anforderungsbereich II)

Seneca gibt Anweisungen zur rechten Lebensführung, indem er zeigt, wie sich der Mensch den Problemen des Lebens stellen soll. Im vorliegenden Brief geht es um die Auseinandersetzung mit dem Schicksal. Nachdem er Beispiele für Schicksalsschläge genannt hat, wie man in der Texthinführung erfährt, gibt er Verhaltensregeln in Form von **bestärkenden Feststellungen** (*contemnere potes*, Z. 1), die auch im Futur erscheinen (*contemnes*, Z. 1). (3 Punkte)
Typisch für sein Anliegen sind Aufforderungen in Form von sogenannten **präskriptiven Elementen**. Im Textabschnitt findet man Gerundiv-Kon-

struktionen (*id agendum est,* Z. 4; *nulli querenda,* Z. 8), Hortative (*nihil miremur*, Z. 7; *pendamus*, Z. 9) sowie einen Iussiv (*imperetur*, Z. 8). (4 Punkte)

Um in der Briefform zu bleiben, die letztlich ein Dialog zwischen zwei Partnern ist, verwendet Seneca häufig die **2. Person Singular** als Wendung an den Adressaten, unter dem man sich nicht nur Lucilius, sondern den Leser allgemein vorstellen muss – er will vielen Mitmenschen Ratschläge geben. Beispiele für die 2. Person Singular findet man in den Zeilen 1 und 2 *(potes, contemnes, cogitaveris, praesumpseris).* Ein Dialog benötigt aber auch die 1. Person – hier findet man die **1. Person Plural** als Pronomen (*nobis*, Z. 4) und als Prädikat (*miremur*, Z. 7; *pendamus*, Z. 9), wodurch sich der Autor mit dem Adressaten auf eine Stufe stellt, nämlich die desjenigen, der noch auf dem Weg zum Ziel des *vir sapiens*, des philosophischen Weisen, ist. (4 Punkte)

Um seiner Argumentation Nachdruck zu verleihen, führt Seneca auch die Person des **fingierten Sprechers** ein, der die Gegenmeinung vertritt und mit dem der Philosoph sich dann auseinandersetzt. Hier findet man den fingierten Sprecher in Zeile 5 mit der Aussage: *servi me reliquerunt.* (3 Punkte)

Hinweis zur Bewertung: Die Hälfte der Punktzahl wird erreicht, wenn die Intention Senecas in Grundzügen erfasst und mindestens drei typische Elemente zugeordnet und belegt worden sind. Von den Fachbegriffen „präskriptive Elemente“ und „fingierter Sprecher“ sollte einer genannt und belegt worden sein.

2. a) *Sie sollen aus den Textaussagen der Zeilen 1–4 die Kerngedanken herausarbeiten. Dazu hilft Ihnen ein Blick in die Übersetzungshilfen, wo die Zeilen 2b–4a übersetzt sind. Es sind dann nur noch die beiden Einleitungssätze zu berücksichtigen, die verallgemeinern, was in den Zeilen 2–4 beispielhaft ausgeführt wird. Die Forderung, die Seneca als Konsequenz aus dem vorher Gesagten aufstellt, erkennen Sie in Zeile 4 an der Gerundivkonstruktion. Denken Sie daran, dass Sie Ihre Feststellungen an lateinischen Textbeispielen belegen müssen.* *(Anforderungsbereich II)*

Seneca möchte in diesem Brief zeigen, wie man sich gegenüber dem Schicksal verhalten soll bzw. wie es am besten gelingt, mit Schicksalsschlägen umzugehen. Er sagt deutlich, dass man Schicksalsschlägen nicht aus dem Weg zu gehen vermag (*effugere ista non potes,* Z. 1), aber man kann sich innerlich darauf einstellen (*saepe cogitaveris,* Z. 1) und sich in Gedanken zurechtlegen, was möglicherweise passieren könnte (*futura praesumpseris*, Z. 2). Dann steht man über dem Schicksal (*contemnes*, Z. 1) und weiß, wie man sich zu verhalten hat, wenn etwas Schlimmes passiert. (4 Punkte)

Beispielhaft wird in den Zeilen 2 f. ausgeführt, wie stark ein Mensch sein kann, der sich auf Schicksalsschläge eingestellt hat (*nemo non fortius ad*

id, cui se diu composuerat, accessit, Z. 2); er kann sogar mit den schwierigsten Dingen fertig werden (*duris ..., si praemeditata erant, obstitit*, Z. 3). (2 Punkte)
Im Gegensatz dazu (*at*, Z. 3) steht der Mensch, der sich nicht auf Schicksalsschläge in seinem Leben vorbereitet hat (*contra imparatus*, Z. 3). Wenn sich für ihn etwas Negatives ereignet, wird er schwer getroffen, auch wenn es sich vielleicht nur um etwas Geringfügiges handelt (*etiam levissima expavit*, Z. 3 f.). (2 Punkte)
Als Schlussfolgerung aus diesen Feststellungen lässt sich laut Seneca folgende Forderung formulieren: Man soll sich auf alles, was geschehen kann, gedanklich einstellen – dann wird man von einem Schicksalsschlag innerlich nicht getroffen (*id agendum est, ne quid nobis inopinatum sit*, Z. 4). (2 Punkte)

Hinweis zur Bewertung: Die Hälfte der Punktzahl wird erreicht, wenn die Auseinandersetzung mit dem Schicksal sowie die richtige als auch die entgegengesetzte Haltung als Kerngedanken erkannt und dargestellt und an jeweils einem Textbeispiel festgemacht worden ist. Auch muss die Forderung Senecas aus Zeile 4 entnommen und mit möglichst eigenen Worten formuliert werden.

b) *Hier ist Ihre eigene Meinung gefragt! Sie sollen sich dazu äußern, ob bzw. wie man mit der von Seneca geforderten Haltung gegenüber dem Schicksal zurechtkommen kann. Im Lösungsvorschlag werden mögliche Argumente skizziert.* *(Anforderungsbereich II–III)*

Es stellt sich die Frage, ob ein Mensch innerlich ruhig leben kann, wenn er ständig überlegt, was ihm alles passieren könnte und wie er sich in einem solchen Fall verhalten müsste. Andererseits ist es auch nicht angemessen, immer nur sorglos „in den Tag hinein zu leben" nach dem Motto: „Was anderen passiert, wird mir schon nicht geschehen". (2 Punkte)
Wie verhält man sich am besten? Es nützt nichts, mit dem Schicksal zu hadern; besser ist es, man nimmt sein Leben in die Hand und versucht, das Beste daraus zu machen. Andererseits sollte man nicht durch eigenes Fehlverhalten das Schicksal herausfordern. (2 Punkte)

Hinweis zur Bewertung: Die Hälfte der Punktzahl wird erreicht, wenn jeweils ein Argument zu den beiden Aspekten, ob und wie man zurechtkommen kann, angeführt worden ist.

3. *Da im Rahmen der unterrichtlichen Behandlung von Seneca-Texten auch die Philosophie der Stoa angesprochen wird, sind Ihnen entsprechende Gedanken und Begriffe vertraut. Anhand zentraler Begriffe des letzten Satzes, die näher zu erläutern sind, können Sie bestätigen, dass Seneca hier aus der Perspektive des Stoikers argumentiert.* *(Anforderungsbereich II–III)*

Im letzten Satz erweist sich Seneca als Philosoph, der Lebenshilfe anbietet. Er zeigt eine Möglichkeit, wie man sich mit dem Schicksal auseinandersetzen kann. Auszuweichen vermag man dem Schicksal nicht (wie er mit den Aussagen in den Zeilen 7–9 und 12 f. deutlich gemacht hat), aber man kann eine stoische Haltung einnehmen, d. h. Seelengröße (*magnum ... animum*, Z. 13) beweisen, und damit dem Ziel, ein Weiser (ein *vir bonus*, vgl. Z. 14) zu werden, nahekommen. (3 Punkte)
Der Stoiker akzeptiert das Schicksal (Fatalismus) und ordnet sich in das Weltgeschehen ein (*naturae consentiamus*, Z. 14), da er weiß, dass alles, was geschieht, von der Vorsehung = Gott = Natur vorherbestimmt ist (Determinismus). In dieser Gewissheit kann er das Schicksal leicht ertragen (*fortiter fortuita patiamur*, Z. 14). (3 Punkte)

Hinweis zur Bewertung: Die Hälfte der Punktzahl wird erreicht, wenn die stoischen Begriffe genannt und im Wesentlichen erläutert worden sind.

Klausuren Latein
Übungsaufgabe 13: Seneca II

Text

Der Text entstammt einem der philosophischen Dialoge Senecas.

Non is solus rei publicae prodest, qui candidatos extrahit et tuetur reos et de pace belloque censet; sed is, qui iuventutem exhortatur, qui in tanta bonorum praeceptorum inopia virtutem insinuat animis, qui ad pecuniam luxuriamque cursu ruentes prensat ac retrahit aut certe moratur, in privato publicum negotium agit. An ille plus praestat, *qui praetor adeuntibus verba pronuntiat*, quam is, qui docet, quid sit iustitia, quid pietas, quid patientia, quid fortitudo, quid mortis contemptus, quid deorum intellectus, quam gratuitum bonum sit bona conscientia?
Ergo, si tempus in studia conferas, quod subduxeris officiis, non deserueris nec munus detractaveris: neque enim ille solus militat, qui in acie stat et cornu dextrum laevumque defendit, sed etiam is, *qui portas tuetur et statione minus periculosa fungitur vigiliasque servat* ...

(108 Wörter, ohne die übersetzten Textstellen Z. 5, Z. 10 f.)

Übersetzungshilfen

Z. 1	candidatos extrahere: Amtsbewerber öffentlich vorstellen
Z. 3	praeceptor, -oris, m.: Lehrer
Z. 3 f.	cursu ruere: im Lauf eilen
Z. 4	prensare: festhalten
	certe: *hier:* wenigstens
Z. 5	*Übersetzung des kursiv gesetzten Abschnitts: „der als Richter Rechtsuchenden Entscheidungen verkündet"*
Z. 7	deorum intellectus: Gotteserkenntnis
Z. 8	conferas: *Potentialis*
	quod: *bezieht sich auf* tempus
	subduxeris: *übersetzen Sie den Konj. Perf. als Ind. Perf.*
	deserere: fahnenflüchtig sein
Z. 8 f.	deserueris, detractaveris: *übersetzen Sie den Konj. Perf. als Ind. Präs.*
Z. 9	munus detractare: eine Aufgabe verweigern
	cornu, -us, n.: Heeresflügel
Z. 10 f.	*Übersetzung des kursiv gesetzten Abschnitts: „der die Tore schützt und einen weniger gefährlichen Posten verwaltet und Wache hält"*

Aufgabenstellung

I. Übersetzen Sie den lateinischen Text ins Deutsche.

II. Bearbeiten Sie folgende Interpretationsaufgaben:

1. Gliedern Sie den Text in Sinnabschnitte und erläutern Sie die Argumentationsführung Senecas. (16 Punkte)

2. Untersuchen Sie, wie der Autor in den Zeilen 1–7 die Möglichkeiten des Einsatzes für den Staat differenziert, und weisen Sie nach, dass er durch Verwendung sprachlich-stilistischer Mittel den Leser beeinflusst. (20 Punkte)

3. Vergleichen Sie das unten angeführte Zitat aus einer anderen philosophischen Schrift Senecas mit der Kernaussage des Übersetzungstextes.

   Hoc nempe ab homine exigitur, ut prosit hominibus, si fieri potest, multis, si minus, paucis, si minus, proximis, si minus, sibi. Nam cum se utilem ceteris efficit, commune agit negotium.

   Dieses allerdings wird vom Menschen verlangt, dass er den Menschen nützt, wenn es möglich ist, vielen, wenn nicht, einigen, wenn das nicht möglich ist, den nächsten, wenn auch dieses nicht möglich ist, sich selbst. Denn jedes Mal, wenn er sich den anderen als nützlich erweist, übt er ein *commune negotium* aus. (14 Punkte)

Lösungsvorschläge

I. Übersetzung

Da es sich bei diesem Text um einen Auszug aus einem Werk des Philosophen Seneca handelt, können Sie mit Wertbegriffen rechnen, die Sie aus der Stoa kennen. Dass es hier speziell um den Bereich „Stoa und Staat" geht, zeigt Ihnen ein Blick in die Interpretationsaufgaben. Vom Stil her überwiegen hier längere Satzperioden, die allerdings durch parallelen Aufbau, Verbindung durch beiordnende Konnektoren oder durch Anaphern übersichtlich gestaltet sind. Setzen Sie bei der Satzanalyse im Text entsprechende Zeichen. So können Sie sich die Übersetzungsarbeit erleichtern. Wie in den Epistulae morales *findet sich auch hier die 2. Person Singular, mit der Seneca den Leser anspricht und die mit der 2. Person oder mit „man" wiedergegeben werden kann.* *(Anforderungsbereich III)*

Nicht der allein nützt dem Staat, der Amtsbewerber öffentlich vorstellt, Angeklagte schützt/verteidigt und über Krieg und Frieden urteilt; sondern (auch) derjenige, der die Jugend (zu den Tugenden) ermuntert/ermahnt, der bei einem so großen Mangel an guten Lehrern den Herzen/den Menschen die Tugend einpflanzt, der die zu Geld und Luxus im Lauf Eilenden/diejenigen, die zu … eilen, festhält und zurückholt oder wenigstens aufhält, (der) führt im privaten Bereich

ein öffentliches Amt/ein *negotium* aus/erfüllt ... Oder leistet jener mehr, *der als Richter Rechtsuchenden Entscheidungen verkündet,* als derjenige, der lehrt, was Gerechtigkeit ist/bedeutet, was Pflichterfüllung/Pflichtbewusstsein, was Geduld/Leidensfähigkeit, was Tapferkeit, was Todesverachtung, was Gotteserkenntnis ist, ein wie unentgeltliches Gut ein gutes Gewissen ist?
Also, wenn du die Zeit, die du den Pflichten entzogen hast, auf Studien/wissenschaftliche Beschäftigung verwenden solltest, bist du nicht fahnenflüchtig und verweigerst nicht deine Aufgabe: Nicht nämlich leistet jener allein/nur jener Kriegsdienst, der in der Schlachtreihe steht und den rechten und den linken Heeresflügel verteidigt, sondern auch derjenige, *der die Tore schützt und einen weniger gefährlichen Posten verwaltet und Wache hält ...*

Seneca, De tranquillitate animi 3, 3–5

II. Interpretationsaufgaben

1. *Achten Sie bei der Bearbeitung dieser Aufgabe vor allem auf die Anfangskonnektoren und die Satzarten, aber auch auf einen Wechsel der Personenformen; diese Kriterien geben Ihnen nicht nur einen Hinweis auf einen neuen Sinnabschnitt, sondern auch auf den Gang der Argumentation. Geben Sie entsprechend unter Anführung charakteristischer Textstellen die Kerngedanken wieder.* *(Anforderungsbereich II–III)*

Der 1. Abschnitt umfasst die Zeilen 1–4a: Seneca stellt die **These** auf, dass nicht nur der Politiker, sondern auch der Philosoph Dienst am Staat bzw. an der Gesellschaft leistet. Erkennbar ist diese an der Gegenüberstellung *non is solus rei publicae prodest, qui candidatos extrahit ..., – sed is, qui iuventutem exhortatur ..., in privato publicum negotium agit.* Dabei werden für jeden Bereich drei Beispiele angeführt. (4 Punkte)
Der 2. Abschnitt umfasst die Zeilen 4b–7: Er beginnt mit dem Konnektor *an*, der eine rhetorische Frage einleitet, deren Aussage in folgender **Behauptung** besteht: „Ein Richter (z. B.) leistet nicht mehr als einer, der den Menschen philosophische Werte nahebringt“ *(an ille plus praestat, qui praetor ... verba pronuntiat, quam is, qui docet, quid sit iustitia ...).* (3 Punkte)
Als 3. Abschnitt kann man die Zeilen 8–9a abgrenzen: Er stellt eine **Schlussfolgerung** aus den vorhergehenden Feststellungen dar, erkennbar an dem Konnektor *ergo*, und wendet sich an den Leser, der durch die 2. Person Singular angesprochen wird. In dem Potentialis *si tempus in studia conferas* und den zugehörigen Hauptsatzprädikaten *non deserueris nec munus detractaveris* macht Seneca deutlich, dass man kein schlechtes Gewissen haben müsse, falls man sich lieber philosophischen Studien als einer öffentlichen Tätigkeit widme. Damit wird eine indirekte Aufforderung ausgesprochen, dieses zu tun.
(5 Punkte)
Der letzte Abschnitt umfasst die Zeilen 9b–11: Er wird eingeleitet durch die **Begründung** *enim* und verstärkt die vorhergehende Schlussfolgerung durch einen metaphorischen Vergleich aus dem militärischen Bereich, der besagt:

„Kriegsdienst leistet auch derjenige, der im Hintergrund eine Aufgabe erfüllt, nicht nur wer in der vordersten Reihe kämpft“ *(neque enim ille solus militat, qui in acie stat ... – sed etiam is, qui portas tuetur ...).* (4 Punkte)

Hinweis zur Bewertung: Die Hälfte der Punktzahl wird erreicht, wenn die Abschnitte erkannt und jeweils an einem Kriterium festgemacht worden sind sowie die Argumentation mit den Fachbegriffen benannt worden ist. Die Kerngedanken sollten in Grundzügen angeführt worden sein.

2. *Vergegenwärtigen Sie sich noch einmal Ihre Übersetzung und die Ergebnisse der 1. Aufgabe. Ein Bezug zu jener Aufgabe ist zwar gegeben, aber hier sind die zutreffenden Aussagen im Einzelnen zu untersuchen und jeweils gemäß der Fragestellung zuzuordnen. Dass es sich um zwei Alternativen des Einsatzes handelt, ist schon bei der Bearbeitung der 1. Aufgabe herausgestellt worden. Machen Sie gleichzeitig deutlich, wie es Seneca mit sprachlich-stilistischen Mitteln gelingt, den Leser in seinem Sinne zu beeinflussen.*
(Anforderungsbereich II–III)

Das Thema des Textes ist der Einsatz für den Staat bzw. die Gesellschaft, der mit dem Begriff *rei publicae prodesse* (Z. 1) – „dem Staat nützen“ umschrieben wird. Nach Seneca gibt es zwei Möglichkeiten, dem Staat zu dienen:
Die eine ist die, als aktiver Politiker tätig zu sein (*qui candidatos extrahit,* Z. 1; *de pace belloque censet*, Z. 1 f.) oder z. B. ein juristisches Amt wahrzunehmen (*tuetur reos*, Z. 1). Alle drei Aufgaben sind wertvoll, wobei die wichtigste **am betonten Schluss** steht, das Abstimmen über Krieg und Frieden. Trotzdem wird jede einzelne durch das **Polysyndeton** hervorgehoben.
(4 Punkte)
Die zweite Möglichkeit ist die, als Privatmann eine öffentliche Aufgabe, d. h. eine Aufgabe für die Gesellschaft, zu erfüllen. Dieser Aspekt wird durch den Begriff *in privato publicum negotium agit* (Z. 4) ausgedrückt, wobei in einer **Antithese** die beiden Begriffe nebeneinanderstehen, die man sich gegensätzlicher nicht vorstellen kann: „privat“ und „öffentlich“. Worin diese Leistung besteht, listet Seneca in Form von drei Beispielen auf, die mit der **Anapher** *qui* eingeleitet werden, wobei jeder Relativsatz länger ist als der vorhergehende. Gemeint ist eine philosophische Tätigkeit, die darin besteht, den Menschen, z. B. der Jugend, als Lehrer Werte nahezubringen (*qui iuventutem exhortatur,* Z. 2; *qui ... virtutem insinuat animis,* Z. 2 f.) oder sie zumindest vom falschen Weg abzuhalten (*qui ad pecuniam luxuriamque:* ein **Hendiadyoin**; *cursu ruentes:* **bildhafter Ausdruck**; *prensat ac retrahit aut certe moratur:* das **Polysyndeton** unterstreicht das Bemühen, Z. 3 f.). Dass Seneca dieser Möglichkeit einen größeren Stellenwert einräumt, sieht man schon an der Gegenüberstellung *non is solus ...* (Z. 1) – *sed is ...* (Z. 2), wodurch der 2. Teil hervorgehoben wird. Außerdem sind die Beispiele für die zweite Möglichkeit erheblich umfangreicher ausgeführt. (8 Punkte)

Die gleiche Methode wendet Seneca im Abschnitt der Zeilen 4b–7 an: Schon die **rhetorische Frage** (*an ille plus praestat, qui ... – quam is, qui ...*, Z. 4 f.) suggeriert dem Leser auch durch die gleiche Gegenüberstellung wie im 1. Abschnitt, dass der an zweiter Stelle Genannte eigentlich die wertvollere Leistung für die Gesellschaft erbringt. Während der in der Öffentlichkeit Tätige hier nur mit einem Amt (*qui praetor adeuntibus verba pronuntiat*, Z. 5) erwähnt wird, werden die Leistungen des Philosophen in Form von sieben indirekten Fragesätzen, meist mit der **Anapher** *quid*, aufgelistet. Es handelt sich um eine **asyndetische Aufzählung** von Tugenden, die für ein funktionierendes Miteinander der Menschen unerlässlich sind, da sie eine Grundlage für eine Gemeinschaft darstellen (*iustitia, pietas, patientia, fortitudo, mortis contemptus, deorum intellectus, bona conscientia*, Z. 6 f.). Wenn der Philosoph also den Menschen diese Werte vermittelt, leistet er letztlich mehr als der in der Öffentlichkeit Tätige. (8 Punkte)

Hinweis zur Bewertung: Die Hälfte der Punktzahl wird erreicht, wenn die beiden unterschiedlichen Möglichkeiten des Einsatzes für den Staat dargestellt und jeweils an einem Beispiel festgemacht und erläutert worden sind. Auch sollte mit 1 Begründung herausgestellt worden sein, dass die philosophische Tätigkeit für Seneca mehr zählt als die aktive Politik. An fünf rhetorischen Auffälligkeiten sollte ferner deutlich gemacht worden sein, wie es dem Autor gelingt, den Leser zu beeinflussen.

3. *Vor dem Vergleichen sollten Sie die Gedanken des Zitats (Seneca,* De otio *3,5) vor dem philosophischen Hintergrund der Stoa kurz zusammenfassen, dann einen Bezug zu der passenden Kernaussage des vorgelegten Textes herstellen und schließlich Gemeinsamkeiten und Unterschiede erläutern.*
(Anforderungsbereich II–III)

Das Zitat beruft sich auf die Verpflichtung des Menschen, zum Nutzen der Allgemeinheit beizutragen, die in den Regeln der Stoa verankert ist: Die innere Verwandtschaft aller Menschen aufgrund des Besitzes der *ratio*/ des *logos* (der Vernunft) schließt die oben genannte Verpflichtung als Forderung ein. (2 Punkte)
Der Begriff *commune negotium* – „eine Aufgabe im allgemeinen Interesse" ist vergleichbar mit der Textstelle *in privato publicum negotium agit* (Z. 4). Wie im Text ist auch hier ein *negotium* gemeint, das sich nicht auf aktiven, öffentlichen Einsatz bezieht, sondern auf ein Tun, das eher im Hintergrund, im *otium* angesiedelt ist. Auch der Bereich, in dem man sich anderen als nützlich erweist, ist vergleichbar: Der Nutzen meint das Nahebringen der im Text genannten philosophischen Werte. (3 Punkte)
Ein Gedanke aus dem Zitat kommt allerdings nicht im Übersetzungstext vor: Wenn es niemanden gibt, dem man sich nützlich erweisen kann, sollte man wenigstens sich selbst nützen. Was ist damit gemeint und wie ist diese Forderung mit der Verpflichtung zum *commune negotium* vereinbar? (2 Punkte)
Der Philosoph nützt sich selbst, indem er sich intensiv mit der Philosophie beschäftigt. Denn auch er hat laut Seneca das Ziel, ein Weiser/ein *vir sapiens*

zu werden, noch nicht erreicht. Er kommt diesem Ziel aber näher, wenn er durch Lesen philosophischer Schriften und Nachdenken darüber die Werte verinnerlicht und für sein Leben Konsequenzen daraus zieht. (3 Punkte)
Durch eine solche Gestaltung des *otium* kann er gleichzeitig ein *commune negotium* leisten, indem er nämlich anderen als Vorbild für die Lebensgestaltung dient. Eine weitere Möglichkeit, durch private Tätigkeit im *otium* der Gesellschaft und damit dem Staat zu nützen, ist in der literarischen Tätigkeit zu sehen, wie Seneca sie ausgeübt hat. (2 Punkte)
So lässt sich nach Seneca festhalten, dass das *otium* in der Gestaltung als *vita contemplativa* wirklich ein *publicum/commune negotium* darstellt und somit der *vita activa* gleichwertig ist. (2 Punkte)

Hinweis zur Bewertung: Die Hälfte der Punktzahl wird erreicht, wenn das Zitat grundlegend erläutert und der passenden Textstelle begründet zugeordnet worden ist. Die Besonderheit des Gedankens – Nutzen für sich selbst – sollte erkannt worden sein, ebenso zumindest 1 Möglichkeit, auch dadurch anderen nützlich zu sein. Auch sollten zumindest 1 grundlegender Gedanke der Stoa und einige entsprechende philosophische Termini erwähnt worden sein.

Klausuren Latein
Übungsaufgabe 14: Seneca III

Text

Der Text entstammt einer philosophischen Schrift Senecas, in der er seine Definition von einem glücklichen Leben vorstellt und zugleich den Weg zu diesem Leben aufzeigt.

Veteres praeceperunt optimam sequi vitam, non iucundissimam, ut rectae ac bonae voluntatis non dux sed comes sit voluptas. Natura enim duce utendum est: hanc ratio observat, hanc consulit. Idem est ergo beate vivere et secundum naturam. Hoc quid sit, nunc aperiam: Si corpori grata et adventicia nobis eo loco fuerint, quo sunt in castris auxilia et armaturae leves – serviant ista, non imperent – ita demum utilia sunt menti.
Incorruptus vir sit externis et insuperabilis, fidens animo atque in utrumque paratus, artifex vitae; fiducia eius non sine scientia sit, scientia non sine constantia: maneant illi semel placita nec ulla in decretis eius litura sit.

(102 Wörter)

Übersetzungshilfen

Z. 1 veteres: die Alten *(gemeint sind die Begründer der Stoa)*
vita: *hier:* Lebensform

Z. 4 adventicia *(n. Pl.):* das von außen Herantretende
nobis: für uns
sunt: *Subjekt:* sie; *gemeint sind:* corpori grata et adventicia *(Z. 4)*

Z. 8 artifex: *hier:* Gestalter
manere: bestehen bleiben

Z. 9 illi: für ihn
semel placita *(n. Pl.):* einmal Beschlossenes

Aufgabenstellung

I. Übersetzen Sie den lateinischen Text ins Deutsche.

II. Bearbeiten Sie folgende Interpretationsaufgaben:

1. Stellen Sie unter Bezugnahme auf die Autorenabsicht die Besonderheiten des Schreibstils Senecas dar und belegen Sie drei Merkmale durch charakteristische Textstellen. (16 Punkte)

2. a) Arbeiten Sie aus den Zeilen 1–3 unter Anführung lateinischer Kernstellen zentrale Vorstellungen der stoischen Philosophie heraus und erläutern Sie ihren Zusammenhang. (8 Punkte)
   b) Vergleichen Sie diese Vorstellungen mit der Position der Epikureer. (6 Punkte)

3. a) Charakterisieren Sie anhand der Zeilen 7–9 das Bild des Weisen, das Seneca hier vor Augen hat; deuten Sie in diesem Zusammenhang die besondere Wortwahl. (12 Punkte)
   b) Bewerten Sie unter Einbezug der Ihnen bekannten stoischen Argumentation die Realisierung der Vorstellungen, die hier vermittelt werden. (6 Punkte)

Lösungsvorschläge

I. Übersetzung

In der Hinführung erfahren Sie, dass der Text einem Werk des Philosophen Seneca entstammt. Schon beim ersten Durchlesen sollten Ihnen typische Elemente von Senecas Schreibstil auffallen; im Hinblick auf die erste Interpretationsaufgabe empfiehlt es sich, diese evtl. schon zu kennzeichnen. Inhaltlich sehen Sie sich mit Begriffen aus Stoa und Epikureismus konfrontiert, die Ihnen von der Seneca-Lektüre her bekannt sein dürften. (Anforderungsbereich III)

Die Alten haben vorgeschrieben, der besten Lebensform zu folgen, nicht der angenehmsten, sodass der Genuss nicht der Führer, sondern der Begleiter des rechten und guten Willens/der rechten und guten Gesinnung ist. Die Natur nämlich muss man zur Führerin nehmen: Auf diese richtet die Vernunft ihr Augenmerk, diese fragt sie um Rat. Dasselbe ist es also, glücklich zu leben und gemäß der Natur zu leben. Was dieses heißt, werde ich jetzt darlegen: Wenn das dem Körper Willkommene und von außen an ihn Herantretende für uns an der Stelle steht, an der/wo im Lager die Hilfstruppen und Leichtbewaffneten stehen – dienen sollen diese, nicht befehlen –, so sind sie (dann) erst dem Geist nützlich.
Unverdorben sei der Mann durch äußere Dinge und unüberwindlich, voll Vertrauen auf seinen Geist und auf beides (= alles, was passieren könnte) vorbereitet,

ein Gestalter seines Lebens; sein Selbstvertrauen sei nicht ohne Wissen, sein Wissen nicht ohne innere Festigkeit: Bestehen bleiben soll für ihn einmal Beschlossenes und keine Korrektur soll es bei seinen Entscheidungen geben.

Seneca, De vita beata 8,1–3 (mit Auslassungen)

II. Interpretationsaufgaben

1. *Vergegenwärtigen Sie sich zunächst, was Sie über den Schreibstil Senecas wissen, und stellen Sie diesen unter Bezugnahme auf die Absicht des Autors dar. Kontrollieren Sie dann daraufhin den vorliegenden Text und wählen Sie drei Merkmale aus, die Sie, wenn möglich, durch mehrere Textstellen belegen.* *(Anforderungsbereich I–II)*

Seneca will mit seinen Schriften Anweisungen zur rechten Lebensführung und damit Lebenshilfe geben. Das zeigt sich nicht nur in der Thematik seiner Schriften, sondern auch in seinem Schreibstil.
Häufig spricht er den Leser an und verwendet dann die **2. Person Singular**. Er stellt sich in der **1. Person Singular** als denjenigen dar, der Hilfe anbietet, aber auch vielleicht selbst noch auf der Suche nach dem richtigen Weg ist; in diesem Fall begibt er sich oft durch die Verwendung der **1. Person Plural** auf eine Stufe mit dem Leser. Seine Aussagen sind meist **prägnant** (knapp und treffend), sie haben den Charakter von einprägsamen Merksätzen; häufig handelt es sich dabei um **Sentenzen**, sogenannte „Lebensweisheiten". Rhetorische Stilfiguren tragen entweder zur *brevitas* bei (Ellipsen) oder zur übersichtlichen Gestaltung von eventuellen längeren Satzperioden (Anaphern oder parallele Wortstellung). Typisch im Sinne der Absicht des Autors sind ferner die sogenannten **präskriptiven** Elemente: Es werden Anweisungen gegeben durch Imperative, Ausdrücke des Müssens und Nicht-Dürfens und durch den Iussiv. Kennzeichnend ist auch die Verwendung von substantivierten Adjektiven und Pronomina im **Neutrum Plural**, wenn es um abstrakte philosophische Begriffe geht. (10 Punkte)
Auch im vorliegenden Text findet man einige der oben genannten Merkmale wieder. Ein präskriptives Element liegt im Satz *natura enim duce utendum est* (Z. 2) durch die nd-*esse*-Form vor, ebenso in Zeile 5 durch den Iussiv *(serviant ista, non imperent),* was auch für den Abschnitt der Zeilen 7–9 gilt, wo alle Prädikate im Iussiv stehen. Der Satz *idem est ergo beate vivere et secundum naturam* (Z. 3) stellt eine Sentenz dar, die eine Kernaussage der Stoa beinhaltet. In dem Satz *hoc quid sit, nunc aperiam* (Z. 3 f.) zeigt Seneca durch die Verwendung der 1. Person Singular, dass er dem Leser Hilfestellung bieten möchte. (6 Punkte)

Hinweis zur Bewertung: Die Hälfte der Punktzahl wird erreicht, wenn vier Charakteristika des Stils Senecas mit Bezug auf die Autorenabsicht dargestellt und zwei Merkmale anhand des Textes belegt worden sind.

2. a) *Zur Bearbeitung dieser Aufgabe bietet Ihnen die Texthinführung eine gute Hilfe, denn genau der erste Aspekt, die Definition des glücklichen Lebens, wird in den Zeilen 1–3 angesprochen. Sie können also darauf Bezug nehmen. Die wesentlichen Begriffe sind Ihnen schon bei der Übersetzungsarbeit aufgefallen und der Zusammenhang ist Ihnen aus der unterrichtlichen Behandlung der Stoa im Rahmen der Seneca-Lektüre präsent.*
(Anforderungsbereich II–III)

Das Ziel der Stoa ist, dem Menschen den Weg zu einem glücklichen Leben aufzuweisen. Was im Sinne der Stoa unter einem glücklichen Leben zu verstehen ist, wird in der Sentenz *idem est ergo beate vivere et secundum naturam* (Z. 3) deutlich. Wenn der Mensch gemäß der Natur – und das heißt zunächst: seiner Natur – lebt, bedeutet das für ihn, dass sein Leben glücklich ist. (2 Punkte)
Da die spezifische Natur des Menschen nach Ansicht der Stoa die *ratio,* die Vernunft, ist, durch die er sich von allen anderen Lebewesen unterscheidet und er Anteil an der göttlichen Weltvernunft hat, kann das naturgemäße Leben mit dem vernunftgemäßen Leben gleichgesetzt werden. Dabei holt sich die *ratio* die Anleitung für die rechte Lebensführung (*optimam … vitam,* Z. 1) in der Natur (*natura enim duce utendum est,* Z. 2), in der sich die göttliche Weltvernunft widerspiegelt. Dass die Natur als Leitlinie gilt, zeigt sich auch in der Aussage *hanc ratio observat, hanc consulit* (Z. 2 f.). In der Natur erkennt der Mensch kraft seiner Vernunft, was richtig und gut ist, und diese Erkenntnis muss er als Gesinnung in seiner Lebensführung verinnerlichen (*rectae ac bonae voluntatis,* Z. 1 f.).
(4 Punkte)
Dass ein solches Leben nicht unbedingt immer ein angenehmes Leben sein muss, zeigt die Aussage *veteres praeceperunt optimam sequi vitam, non iucundissimam* (Z. 1). Der Genuss, die *voluptas,* steht an zweiter Stelle, wie in dem Satz *ut rectae ac bonae voluntatis non dux sed comes sit voluptas* (Z. 1 f.) deutlich wird. (2 Punkte)

Hinweis zur Bewertung: Die Hälfte der Punktzahl wird erreicht, wenn die stoischen Gedanken in Grundzügen mit Bezug auf Textstellen herausgearbeitet und näher erläutert worden sind.

b) *Im Rahmen der unterrichtlichen Behandlung der Stoa haben Sie sich auch mit den Epikureern auseinandergesetzt und Gemeinsamkeiten und Unterschiede erfahren. Stellen Sie diese unter Berücksichtigung der obigen Ergebnisse kurz dar.* *(Anforderungsbereich II–III)*

Auch der Epikureer hat das Ziel, ein glückliches Leben zu führen. Dabei steht aber im Gegensatz zur Stoa die *voluptas* an erster Stelle, sie ist ausschlaggebend, sozusagen die Führerin des rechten Lebens. Darauf spielt Seneca in Zeile 1 f. an, wenn er aus der Perspektive der Stoa anmerkt, dass die *voluptas* nur Begleiterin, *comes,* sein darf. (2 Punkte)

Der Epikureer dagegen sieht ein glückliches Leben in einem angenehmen Leben, in dem Lust erstrebt und Schmerz vermieden wird. Nur für größere Lust ist der Epikureer bereit, Unannehmlichkeiten zu erdulden.
(2 Punkte)
Da der Epikureer aufgrund seiner *ratio* die Welt nicht als einen vernünftig geordneten Kosmos, sondern nur als eine zufällig entstandene Komposition von Atomen deutet, ist die Natur für ihn keine Leitlinie wie für den Stoiker. Nur das Wohlbefinden des Körpers und die Beruhigtheit der Seele sind für ihn maßgeblich. (2 Punkte)

Hinweis zur Bewertung: Die Hälfte der Punktzahl wird erreicht, wenn die Gemeinsamkeit der philosophischen Richtungen benannt und die beiden wesentlichen Unterschiede in Grundzügen festgemacht worden sind.

3. a) *In der Aufgabenstellung wird vorgegeben, dass in den Zeilen 7–9 der stoische Weise charakterisiert wird. So haben Sie schon einen wichtigen Hinweis auf den inhaltlichen Aspekt erhalten. Dass die Wortwahl in diesem Abschnitt eine Besonderheit aufweist, ist Ihnen sicher bereits bei der Übersetzungsarbeit aufgefallen. Vergleichen Sie Ihre Übersetzung dazu noch einmal mit dem lateinischen Text. Vorteilhaft ist es, wenn Sie die philosophischen Fachbegriffe der Stoa beherrschen.*
(Anforderungsbereich II–III)

In den Zeilen 7–9 fasst Seneca die Vorstellung von der rechten Lebensführung im Bild des stoischen Weisen, des *vir sapiens,* zusammen. Auch wenn hier nicht explizit der Begriff *sapiens* genannt wird, so ist doch an den Forderungen, die im Iussiv stehen, und an den positiven Wertbegriffen erkennbar, dass es um die Verkörperung dieses Ideals geht. (2 Punkte)
Der Mensch, der gemäß der Natur lebt, zeigt sich unbeeinflusst von allen äußeren Dingen, diese gehören für ihn zu den unwesentlichen Dingen, den *adiaphora;* darunter fallen z. B. das Leben, der Tod, Gesundheit, Krankheit, Vergnügen, Schmerz. Auffällig sind hier die Vorsilben zur Verneinung der Adjektive: *incorruptus … externis et insuperabilis* (Z. 7). Er verlässt sich auf seinen Geist (*fidens animo,* Z. 7), wobei *animus* mit *ratio* gleichzusetzen ist. Im Vertrauen darauf kann er sich auf alles einstellen, was ihm passiert (*in utrumque paratus,* Z. 7), wobei das Pronominaladjektiv *utrumque* Positives und Negatives meint – er ist unabhängig vom Schicksal. (6 Punkte)
Der Weise gestaltet sein Leben in Selbstvertrauen (*fiducia,* Z. 8) auf der Basis der Vernunft, hier durch *scientia* (Z. 8) ausgedrückt. Seine Vernunft befähigt ihn dazu, das Richtige zu erkennen und beizubehalten (*constantia,* Z. 8). Der letzte Gedanke wird näher ausgeführt mit der Forderung, beim einmal Beschlossenen zu bleiben (*maneant … semel placita,* Z. 8 f.), wobei vorausgesetzt wird, dass eine Korrektur der Entscheidungen nicht nötig sein wird (*nec ulla in decretis eius litura sit,* Z. 9). (4 Punkte)

Hinweis zur Bewertung: Die Hälfte der Punktzahl wird erreicht, wenn zwei charakteristische Wesenszüge des Weisen erkannt und dargelegt worden sind sowie dazu die Wortwahl entsprechend der Aufgabenstellung berücksichtigt worden ist.

b) *Hier sollen Sie Ihre eigene Meinung vertreten. Nehmen Sie dazu Bezug auf die Ergebnisse der Aufgabe 3a und stellen Sie zunächst die stoische Argumentation zum Thema dar.* *(Anforderungsbereich II–III)*

Die Vorstellungen vom Bild des *sapiens,* die Seneca hier vertritt, entsprechen dem Idealbild der Stoa. Der Mensch, der alle Forderungen, die im Text von Seneca aufgestellt worden sind, erfüllt, ist im Besitz der vollkommenen *virtus* und hat das Ziel seines Lebens erreicht. In der Realität ist das für einen Menschen aber nicht möglich, denn dann wäre er Gott gleich. (2 Punkte)
Entsprechend argumentieren die Stoiker und stellen neben dieses Idealbild die Möglichkeit einer Annäherung an die Vollkommenheit, indem man durch angemessenes Verhalten versucht, dem Ziel, ein *sapiens* zu werden, nahezukommen. Das heißt, man ist auf der Stufe der „Fortschreitenden", der *proficientes.* (2 Punkte)
Aus persönlicher Sicht ist ebenfalls festzuhalten, dass die rigorosen Forderungen Senecas bzw. der Stoa nicht bzw. nur teilweise erfüllt werden können. Ein Mensch kann sich nicht völlig von äußeren Einflüssen unabhängig machen; er hat außer seiner Vernunft auch eine Gefühlsseite, die zum Tragen kommt. Außerdem kann ein Mensch sich irren und seine Entscheidungen revidieren, wenn er sie als fehlerhaft erkannt hat. Man kann nicht davon ausgehen, dass jede Entscheidung von vornherein richtig ist, wie Seneca im letzten Satz des vorliegenden Textes erwartet. (2 Punkte)

Hinweis zur Bewertung: Die Hälfte der Punktzahl wird erreicht, wenn die Vorstellungen als Idealbild verdeutlicht worden sind und die Argumentation der Stoa in Grundzügen erläutert worden ist. Ferner sollte im Rahmen der persönlichen Meinung einer der obigen Gedanken geäußert werden.

Klausuren Latein
Übungsaufgabe 15: Cicero – Abiturniveau

Text

Der Text entstammt Ciceros philosophischem Dialog De natura deorum*, in dem der Autor Vertreter der Epikureer und der Stoa zur Götterlehre sprechen lässt. Im vorliegenden Textabschnitt äußert sich der Stoiker.*

Dico providentia deorum mundum et omnes mundi partes et initio constitutas esse et omni tempore administrari.

Nihil est autem praestantius deo; ab eo igitur mundum necesse est regi; nulli igitur est naturae oboediens aut subiectus deus; omnem ergo regit ipse naturam. Etenim si concedimus intellegentes esse deos, concedimus etiam providentes (eos esse) et rerum quidem maxumarum.

Atqui necesse est, cum sint di, (eos) animantes esse, nec solum animantes, sed etiam rationis compotes inter seque quasi civili conciliatione et societate coniunctos (esse), unum mundum ut communem rem publicam atque urbem aliquam regentes.

Sequitur, ut eadem sit in iis, quae humano in genere (est), ratio, eadem veritas utrobique sit eademque lex, quae est recti praeceptio pravique depulsio. Ex quo intellegitur prudentiam quoque et mentem a deis ad homines pervenisse – ob eamque causam maiorum institutis Mens, Fides, Virtus, Concordia consecratae et publice dedicatae sunt.

(141 Wörter)

Übersetzungshilfen

Z. 3 necesse est: *Umschreibung mit:* notwendigerweise (*ebenso in Z. 7*)
Z. 4 natura: *der Begriff erscheint hier zweimal und ist bei seinem ersten Auftreten als* Wesen, Kreatur *zu übersetzen*
etenim: denn
Z. 5 f. et … quidem: und zwar
Z. 6 rerum: *Gen. obiectivus:* in/hinsichtlich …
Z. 7 atqui: nun aber
cum: da doch
animans: *hier:* beseelt
Z. 8 compos, compotis *(m. Gen.):* im Besitz *von*
inter seque: *Wortstellung:* et inter se
Z. 9 communem: *auch auf* urbem *zu beziehen*
regentes: *mit einem Gliedsatz zu übersetzen:* wobei …
Z. 10 sequitur: *ergänzen Sie in der deutschen Übersetzung* „daraus“
Z. 11 utrobique *(Adv.):* auf beiden Seiten
quae est: das heißt/nämlich (*bezieht sich auf* eadem lex)

Aufgabenstellung

I. Übersetzen Sie den lateinischen Text ins Deutsche.

II. Bearbeiten Sie folgende Interpretationsaufgaben:

1. Analysieren Sie anhand struktureller Merkmale These und Argumentationsführung des Sprechers und arbeiten Sie die Hauptgedanken heraus. (26 Punkte)

2. Interpretieren Sie die Zeilen 7–9 und ordnen Sie die Aussagen in die Lehre der Stoa ein. (20 Punkte)

3. a) Untersuchen Sie, inwiefern Cicero in den Zeilen 10–14 ausgehend vom Wesen der Götter Grundlagen der stoischen Ethik entwickelt. Belegen Sie Ihre Aussagen durch charakteristische Textstellen. (18 Punkte)
   b) Vergleichen Sie das hier deutlich werdende Gottes- und Menschenbild mit dem Epikurs. (14 Punkte)
   c) Beschreiben Sie, wie der Dichter Vergil in der *Aeneis* das Verhältnis Mensch – Gott am Beispiel des Aeneas darstellt, und ordnen Sie es der entsprechenden philosophischen Richtung zu. (10 Punkte)

Lösungsvorschläge

I. Übersetzung

Cicero liefert im vorliegenden Text die Beweisführung zu einer These. Diesen Sachverhalt können Sie der 1. Interpretationsaufgabe entnehmen. Entsprechend finden Sie im Text Satzanfangskonnektoren, die eine Argumentation verdeutlichen wie z. B. igitur, ergo, autem *etc. Kennzeichnen Sie beim ersten Durcharbeiten des Textes diese Konnektoren in jedem Satz farbig – so haben Sie schon einen Argumentationsablauf vorliegen und eine gute Dekodierungshilfe. Achten Sie bei der grammatischen Analyse darauf, nicht nur Teilsätze zu kennzeichnen, sondern auch die hier sehr häufigen AcI-Konstruktionen. Machen Sie beiordnende Konnektoren z. B. durch Unterschlängeln deutlich und beachten Sie, ob es sich nur um eine Aneinanderreihung oder vielleicht um eine Gegenüberstellung von zwei einander entsprechenden Begriffen oder Aussagen handelt wie bei* et … et. *Kennzeichnen Sie ebenfalls die hier mehrfach vorkommenden Hyperbata. Bei Beachtung der oben angeführten Tipps erleichtern Sie sich die Übersetzungsarbeit.*
Da es sich um einen philosophischen Text zum Thema „Götter" handelt, wie Sie dem Einführungstext entnehmen können, müssen Sie mit entsprechenden abstrakten Begriffen rechnen. Achten Sie bei der Befragung des Wörterbuchs auf Bedeutungen aus dem philosophisch-religiösen Bereich. Es kommen mehrfach Adjektive vor, die wie ein Partizip Präsens Aktiv von Verben abgeleitet sind – evtl. müssen Sie in diesem Fall alle Stichwörter der gleichen Wortfamilie berücksichtigen

(Adjektiv, Verb, Substantiv) und genau differenzieren, welche Form (PPA oder Adjektiv) und welche Bedeutung zutrifft; denn nicht immer ist die adjektivische Bedeutung angemessen.
Es trägt zur Übersichtlichkeit der philosophischen Argumentation bei, wenn Sie die im lateinischen Text vorgegebenen Sinnabschnitte auch in der Übersetzung übernehmen. *(Anforderungsbereich III)*

Ich behaupte, dass durch die Vorsehung der Götter das Weltall und alle Teile des Weltalls sowohl zu Anbeginn geschaffen worden sind als auch zu jeder Zeit durch sie (= die Vorsehung) geleitet werden.
Nichts ist aber vorzüglicher als die Gottheit (deus *im Sg.* = das göttliche Wesen); von ihr also wird notwendigerweise das Weltall regiert/gelenkt; keinem (anderen) Wesen also ist die Gottheit gehorsam oder untertan; sie selbst regiert folglich die ganze Natur. Denn wenn wir zugestehen, dass die Götter verständig sind/mit Verstand ausgestattet sind, geben wir auch zu, dass sie vorausschauend sind/Vorsehung besitzen, und zwar in den wichtigsten Dingen.
Nun aber, da es doch Götter gibt, sind sie notwendigerweise beseelt/beseelte Wesen und nicht nur beseelt, sondern auch im Besitz von Vernunft und untereinander gleichsam in einer staatlichen Verbindung und Gemeinschaft vereinigt, wobei sie das eine Weltall wie einen gemeinsamen Staat und irgendeine gemeinsame Stadt regieren.
Daraus folgt, dass sie dieselbe Vernunft besitzen (*wörtl.:* dass in ihnen dieselbe Vernunft ist), die das Menschengeschlecht besitzt/wie das Menschengeschlecht, dieselbe Wahrheit auf beiden Seiten gilt und dasselbe Gesetz, das heißt: die Unterweisung des Rechten/sittlich Guten und die Abwehr des Unrechten/Schlechten. Daraus lässt sich ersehen, dass auch die Klugheit und der Verstand von den Göttern zu den Menschen gelangt sind – und aus diesem Grund sind durch die Einrichtungen der Vorfahren *Mens* (Verstand), *Fides* (Treu und Glauben), *Virtus* (Tapferkeit) und *Concordia* (Eintracht) zu Gottheiten erhoben/vergöttlicht worden und im Namen des Staates durch Tempel geehrt worden.

Cicero, De natura deorum 2,75. 77 ff. (mit Auslassungen)

II. Interpretationsaufgaben

1. *Sie müssen den ganzen Text überblicken. Sie haben schon als Vorbereitung der Übersetzung die strukturellen Merkmale der Argumentation optisch gekennzeichnet (s. o.), sodass Sie daran jetzt den Ablauf von These und Beweisführung nachvollziehen können. Hierzu und bei der Anführung der Hauptgedanken sind lateinische Textbelege erforderlich. (Anforderungsbereich II–III)*

   Mit der Wendung *dico* (Z. 1) stellt der Sprecher eine **These** auf. Die These lautet: Das Weltall und alles, was dazugehört, ist durch die Vorsehung der Götter geschaffen worden und wird von dieser geleitet (*providentia deorum mundum et omnes mundi partes … constitutas esse et … administrari,* Z. 1 f.). (2 Punkte)

Es folgt eine **Argumentation** zum besonderen Wesen der Götter, eingeleitet mit dem Konnektor *autem* (Z. 3), der hier aber kein Gegensatz, sondern eine Bestätigung von etwas vorher Gesagtem sein soll. Der Gedanke ist, dass das göttliche Wesen (= die Gottheit) über allem steht (*nihil est ... praestantius deo,* Z. 3), woraus folgt, dass von ihr notwendigerweise – verdeutlicht mit dem Konnektor *igitur* und der Wendung *necesse est* – die Welt regiert wird (*ab eo ... mundum ... regi,* Z. 3). Daraus ergibt sich – wieder der Konnektor *igitur* –, dass die Gottheit niemandem untertan ist (*nulli ... naturae oboediens aut subiectus deus,* Z. 3 f.), und daher – verstärkt durch den Konnektor *ergo* – über der ganzen Natur steht (*omnem ... regit ipse naturam,* Z. 4). Als **Begründung** (*etenim,* Z. 4) wird angeführt, dass man den Göttern nicht nur Verstand zugesteht (*si concedimus intellegentes esse deos,* Z. 4 f.), sondern ihnen dann auch die Fähigkeit der Vorausschau zugestehen muss (*concedimus etiam providentes,* Z. 5). (11 Punkte)

In den Zeilen 7–9 erfolgt eine **weitere Argumentation**, eingeleitet mit dem Konnektor *atqui* und wie oben verstärkt mit der Wendung *necesse est*, zum Wesen der Götter, in der ihnen nicht nur zugesprochen wird, dass sie beseelte Lebewesen sind (*animantes,* Z. 7), sondern auch, dass sie Vernunftwesen sind (*rationis compotes,* Z. 8) und aufgrund dessen einen staatlichen Verband bilden (*inter seque quasi civili conciliatione et societate coniunctos,* Z. 8). (5 Punkte)

Daraus wird die **Schlussfolgerung** gezogen, eingeleitet mit der Wendung *sequitur, ut* (Z. 10), dass sie dieselbe Vernunft besitzen wie die Menschen (*eadem sit in iis, quae humano in genere, ratio,* Z. 10) und dieselben Werte bei ihnen gültig sind (*eadem veritas ... eademque lex ...,* Z. 10 f.). Folglich (*ex quo intellegitur,* Z. 11 f.) müssen die Menschen auch (*quoque,* Z. 12) Vernunft und Geist von den Göttern bekommen haben (*prudentiam ... et mentem a deis ad homines pervenisse,* Z. 12). Daher (*ob eamque causam,* Z. 12 f.) sind schon bei den Vorfahren diese und andere Werte von den Menschen zu Göttern erhoben worden (*Mens, Fides, Virtus, Concordia consecratae ... sunt,* Z. 13 f.). (8 Punkte)

Hinweis zur Bewertung: Die Hälfte der Punktzahl wird erreicht, wenn mindestens sechs strukturelle Merkmale der Argumentation erkannt worden sind und daran die Gedankenführung festgemacht worden ist. Entsprechend sollten dazu die wesentlichen Aspekte genannt und durch Zitate belegt worden sein.

2. *Analysieren und deuten Sie die Textstelle nach selbst gewählten Kriterien unter Beachtung von Inhalt und Form (sprachlich-stilistische Mittel). Für den zweiten Teil der Aufgabe werden Kenntnisse in der Lehre der Stoa vorausgesetzt. Diese werden Sie nicht nur aus der Lektüre von Ausschnitten aus Ciceros Werk* De re publica*, sondern auch aus der Behandlung von Senecas* Epistulae morales *besitzen. Zeigen Sie, dass Sie für die Stoa relevante lateinische Fachbegriffe beherrschen sowie passende Zitate aus* De re publica *einbringen können.* *(Anforderungsbereich I–III)*

Im ersten Teil des Satzes der Zeilen 7–9 wird, ausgehend von der Existenz der Götter (*cum sint di,* Z. 7), zunächst als Argument für ihre herausragende Stellung hervorgehoben, dass es sich bei ihnen um beseelte Wesen handelt (*animantes esse,* Z. 7). Dieser Aspekt erfährt eine Steigerung (**Klimax**) erstens durch die Korrektur *nec solum animantes* (Z. 7) und zweitens durch die Hervorhebung mittels der Wendung *sed etiam* (Z. 7), woran sich die Behauptung anschließt, die Götter seien im Besitz von Vernunft (*rationis compotes,* Z. 8). Das Adjektiv *compos* lässt sich von der Etymologie her unterschiedlich deuten: Die Vorsilbe *com-* entspricht *con-* und bedeutet „mit", der zweite Teil ist vergleichbar mit dem Adjektiv *potis,* das „imstande, mächtig" heißt. So könnte man einerseits sagen, die Götter sind nicht nur im Besitz einer Seele, sondern auch der Vernunft mächtig; andererseits sind Seele und Vernunft auch den Menschen zuzusprechen, der Mensch ist ein vernunftbegabtes Lebewesen *(animal rationale)*, woraus auf eine innere Verwandtschaft zwischen Menschen und Göttern zu schließen ist. Dieser Gedanke gehört zur stoischen Lehre, nach der die *ratio*, griechisch: der *logos*, dem Wesen der Götter entspricht, ja mit der Gottheit gleichzusetzen ist. Der Mensch hat durch seine Vernunft Anteil an der göttlichen Vernunft. (10 Punkte)
Der zweite Teil der Aussage geht davon aus, dass die Götter als Vernunftwesen das Weltall (*unum mundum,* Z. 9), griechisch: *kosmos*, regieren (*regentes,* Z. 9). Dabei wird das Weltall mit einem Staatswesen bzw. einer Stadt (*ut … rem publicam atque urbem aliquam,* Z. 9) **verglichen**. Besonders hervorgehoben wird in diesem Zusammenhang die Gemeinschaft der Götter; das geschieht durch **Häufung** von Wörtern, die die Vorsilbe (das **Präfix**) *con-/ com-* haben: ***con**ciliatione,* ***con**iunctos,* ***com**munem* (Z. 8 f.); hinzu kommt die **c-Alliteration** ***c**ivili **c**onciliatione … **c**oniunctos … **c**ommunem.* Auffällig ist auch das **Hendiadyoin** *civili conciliatione et societate* (Z. 7), das an Begriffe aus Ciceros Staatsdefinition in seinem Werk *De re publica* denken lässt, wo er zunächst definiert, was ein Staat ist *(res publica est res populi)*, und dann erklärt, was man unter einem Volk *(populus)* versteht *(**co**etus multitudinis iuris **con**sensu et utilitatis **com**munione sociatus)*; auch hier wird die Gemeinschaft betont. Daraus lässt sich wiederum ein Bezug zur stoischen Staatslehre herstellen: Die Verwandtschaft der Menschen mit den Göttern aufgrund ihrer *ratio* macht die Menschen untereinander gleich und bedingt, dass sie Gemeinschaftswesen sind. Dadurch entsteht die Verpflichtung, sich für die Gemeinschaft einzusetzen und sich im Staat, der sozusagen ein verkleinertes Abbild des Weltalls ist, zu engagieren – genauso wie die Götter sich gemeinsam für das Ganze einsetzen. (10 Punkte)

Hinweis zur Bewertung: Die Hälfte der Punktzahl wird erreicht, wenn in Grundzügen dargestellt worden ist, dass zwei Aspekte, nämlich die Vernunft der Götter und ihre gemeinschaftliche Leitung des Weltganzen, in den Textzeilen angesprochen werden. Mindestens drei sprachlich-stilistische Merkmale sollten erkannt und im Zusammenhang gedeutet worden sein. Weiterhin sollte zumindest 1 Bezug zur Stoa hergestellt und durch zutreffende Fachbegriffe oder Zitate untermauert worden sein.

3. a) *Die Zeilen 10–14 sind unter einer gezielten Fragestellung zu untersuchen, nämlich wie der Autor einen Aspekt der Philosophie entwickelt. Das erfordert, dass Sie sprachliche und inhaltliche Merkmale dazu herausarbeiten und Ihre Aussagen an Textstellen belegen. Grundwissen zur Ethik der Stoa und die Kenntnis entsprechender Fachbegriffe werden vorausgesetzt.* *(Anforderungsbereich II–III)*

In den Zeilen 10–14 werden grundlegende Werte angesprochen, die in der Stoa zu den Erscheinungsformen der Tugend *(virtus)* gehören. Die *virtus* gilt als höchstes Gut *(summum bonum),* das der Mensch anstreben muss und das in den Göttern – d. h. der Gottheit als vollkommenem Wesen – existiert. Die Götter bilden eine Einheit mit der Natur, die die vollkommene Ordnung widerspiegelt; insofern sind die Götter gleichzusetzen mit der Natur und der Vernunft, der *ratio* bzw. dem *logos*. Diese Vernunft hat der Mensch laut Stoa von den Göttern mitbekommen. Der Mensch steht durch seine Vernunftnatur über den Tieren und besitzt eine Verwandtschaft mit den Göttern. Letztere wird im Text mit folgender Wendung ausgedrückt: *eadem … <u>in iis</u> (= deis), quae <u>humano in genere</u>, ratio* (Z. 10), wobei aber davon auszugehen ist, dass die Vernunft bei den Göttern im höheren Maße vorhanden ist; durch das **Hyperbaton** von *eadem* zu *ratio* wird diese besonders betont. (8 Punkte)
Da der Mensch im Besitz der Vernunft ist, besitzt er die Erkenntnis, welche Einstellung und welches Verhalten richtig ist. Die Götter geben den Menschen die rechte Haltung vor, nämlich das einzuhalten, was der Wahrheit entspricht und was gelten soll; auch hier wird wieder die Gleichheit von Menschen und Göttern betont – auffällig ist hier die **Anapher** *eadem*, die insgesamt dreimal vorkommt: Es heißt nämlich außer *eadem … ratio* (Z. 10) hier *eadem veritas <u>utrobique</u> … eademque lex* (Z. 10 f.). Die Werte, die für Götter und Menschen gleichermaßen gültig sind, werden pauschal zusammengefasst und in einer **Antithese** formuliert: Das Rechte = Gute wird vorgeschrieben (*recti praeceptio*, Z. 11), das Unrechte = Schlechte wird abgewehrt (*pravi depulsio*, Z. 11). Das ist das Gesetz, an dem sich nicht rütteln lässt. (5 Punkte)
Die Unterscheidung des Rechten und des Unrechten setzt die praktische Anwendung der Vernunft voraus; diese wird hier mit dem **Hendiadyoin** *prudentiam … et mentem* (Z. 12) umschrieben. Auch hierbei profitiert der Mensch von den Göttern, denn Klugheit und Verstand sind von ihnen zu den Menschen gelangt (*a deis ad homines pervenisse,* Z. 12). Ein Beweis dafür, dass die Menschen die rechten Werte kennen und schätzen, ist die Tatsache, dass sie diese Eigenschaften personifiziert und zu Göttern erklärt und ihnen Tempel geweiht haben: *Mens, Fides, Virtus, Concordia consecratae et publice dedicatae sunt* (Z. 13 f.). Hier wird die stoische Vorstellung von einem abstrakten göttlichen Wesen mit der volkstümli-

chen Überlieferung aus alter Zeit (*maiorum institutis*, Z. 13) von nützlichen und helfenden Gottheiten verknüpft, die von den Menschen zu verehren sind. (5 Punkte)

Hinweis zur Bewertung: Die Hälfte der Punktzahl wird erreicht, wenn die in dem Textabschnitt angesprochenen Werte und das besondere Verhältnis Mensch – Gott in der Stoa in Grundzügen dargestellt und an entsprechenden Belegen festgemacht worden sind. Zudem sollten an zwei Stellen sprachlich-stilistische Merkmale erkannt und im Zusammenhang erläutert worden sein.

b) *Die Aufgabe steht im Zusammenhang mit 3 a. Sie können also die dortigen Ergebnisse hinsichtlich der Gottesvorstellung und dem Menschenbild noch einmal aufgreifen, dann die epikureischen Vorstellungen beschreiben und Gemeinsamkeiten und Unterschiede darstellen. Bei der Behandlung der stoischen Philosophie in entsprechender Cicero- oder Seneca-Lektüre ist Ihnen auch der Epikureismus als „Konkurrenzphilosophie" begegnet. Dieses Wissen müssen Sie jetzt aktivieren.*

(Anforderungsbereich II–III)

In der Stoa gibt es die Vorstellung von einem göttlichen Wesen oder göttlichen Prinzip, das sich in den Göttern, die von den Menschen verehrt werden, manifestiert. Es ist gleich, ob man von einem Gott im Singular oder von den Göttern im Plural spricht. Gott wird gleichgesetzt mit der Vernunft, die sich wiederum in der Ordnung und Vollkommenheit der Natur, der Weltvernunft, zeigt. Mit ihrer Vorsehung haben die Götter das Weltall bzw. die Welt geschaffen und lenken diese und ebenso die Menschen. In allem, was geschieht, zeigt sich die Güte der Götter. Die Menschen sind als Teil der Natur durch ihre Vernunft mit den Göttern verwandt. Wenn sie gemäß der Vernunft leben, also gemäß der Erkenntnis, was gut und recht ist, leben sie gemäß ihrer Natur und demnach glücklich. (5 Punkte)

Bei den Epikureern haben die Götter keinen Einfluss auf die Welt und die Menschen. Da nach ihrer Lehre alles Entstandene auf der zufälligen Verbindung von Atomen beruht, sind die Götter keine Schöpfer der Welt und beeinflussen nicht das Leben der Menschen, weder im Guten noch im Schlechten. Laut Epikur leben die Götter in sogenannten Zwischenwelten, Intermundien, ewig und glücklich und kümmern sich nicht um das, was auf der Welt geschieht. Anders als nach der Vorstellung der Stoa ist dem Menschen die Vernunft nicht von den Göttern gegeben, sondern in seiner Natur vorhanden. Er muss also von sich aus entscheiden, wie er zu einem glücklichen Leben gelangen will, indem er abwägt, was er erstreben und was er vermeiden soll. (5 Punkte)

Beide, Stoiker und Epikureer, haben das Ziel, glücklich zu leben. In der Stoa wird das Glück im Besitz der *virtus*, der sittlichen Vollkommenheit als höchstem Gut, gesehen; im Epikureismus besteht das Glück in der *voluptas*, der Lust oder Freude im Sinne des Freiseins von Schmerz und Furcht. Dabei gilt die *virtus* als Weg zu diesem Ziel, denn nur ein Leben in rechter Gesinnung kann auch ein freudvolles Leben sein. (4 Punkte)

Hinweis zur Bewertung: Die Hälfte der Punktzahl wird erreicht, wenn die grundlegenden Unterschiede im Gottes- und Menschenbild bei Stoikern und Epikureern im Wesentlichen aufgezeigt worden sind, aber auch eine Gemeinsamkeit herausgestellt worden ist.

c) *Hier liegt ein deutlicher Bezug zu Thema und Schwerpunkt eines anderen Halbjahres vor – wie in einer Abiturklausur vorgeschrieben. Es ist davon auszugehen, dass bei der unterrichtlichen Behandlung von Ausschnitten aus Vergils* Aeneis *unter anderem das Verhältnis Mensch – Gott am Beispiel des Aeneas angesprochen worden ist. So wird es Ihnen nicht schwerfallen, dieses kurz darzulegen und einen Bezug zu der entsprechenden philosophischen Richtung herzustellen.* *(Anforderungsbereich I–II)*

Aeneas, die Hauptperson in Vergils Epos *Aeneis*, hat den Beinamen (das Epitheton) *pius* – der Fromme, Gottesfürchtige. Dadurch wird er als derjenige charakterisiert, der trotz aller Rückschläge und Schwierigkeiten den Willen der Götter bzw. Jupiters erfüllt, nämlich den Trojanern eine neue Heimat in Latium zu geben. (3 Punkte)
Damit ist eine göttliche Bestimmung verbunden, denn die Götter haben Latium als spätere Gründungsstätte für Rom ausersehen. Indem Aeneas seine Gefühle, wie z. B. die Liebe zu Dido, dem Pflichtbewusstsein unterordnet, erfüllt er das Schicksal, das *fatum*, das laut Vorstellung der Stoa mit dem Willen der Götter gleichzusetzen ist. So kann man sagen, dass Aeneas in seinem Tun die Forderungen der stoischen Philosophie erfüllt, gemäß der Erkenntnis des sittlich Guten und in Übereinstimmung mit der göttlichen Vorsehung zu handeln. (4 Punkte)
Andererseits macht Vergil auch deutlich, dass Aeneas von Zweifeln an seinem Tun belastet wird und mit Gefühlen kämpfen muss. Doch das ist kein Widerspruch zur stoischen Haltung, da die Stoa einräumt, dass nur der Weise zum Idealverhalten fähig ist und dieser damit Gott gleichzusetzen ist. Was bei Aeneas zählt, ist die Tatsache, dass er den Willen der Götter akzeptiert und sich bemüht, entsprechend zu handeln. (3 Punkte)

Hinweis zur Bewertung: Die Hälfte der Punktzahl wird erreicht, wenn im Wesentlichen dargestellt worden ist, dass Aeneas und sein Tun in Bezug zu dem Willen der Götter gesetzt werden kann, und eine Einordnung in die stoische Philosophie erfolgt ist.